마을리빙랩
오디세이

마을리빙랩 오디세이

지은이 박혜경
발행일 2023년 8월 30일
발행인 이진숙 펴낸곳 충남대학교출판문화원
주소 대전광역시 유성구 대학로 99 전화 042-821-6045
홈페이지 http://www.cnupress.co.kr E-mail cnupress@cnu.ac.kr

ISBN 979-11-6503-209-8 93330
정 가 15,000원

이 저서는 2020년 대한민국 교육부와 한국연구재단의 지원을 받아 수행한 연구이다(NRF-2020S1A5B5A17091780).

Living Lab

마을리빙랩 오디세이

박혜경

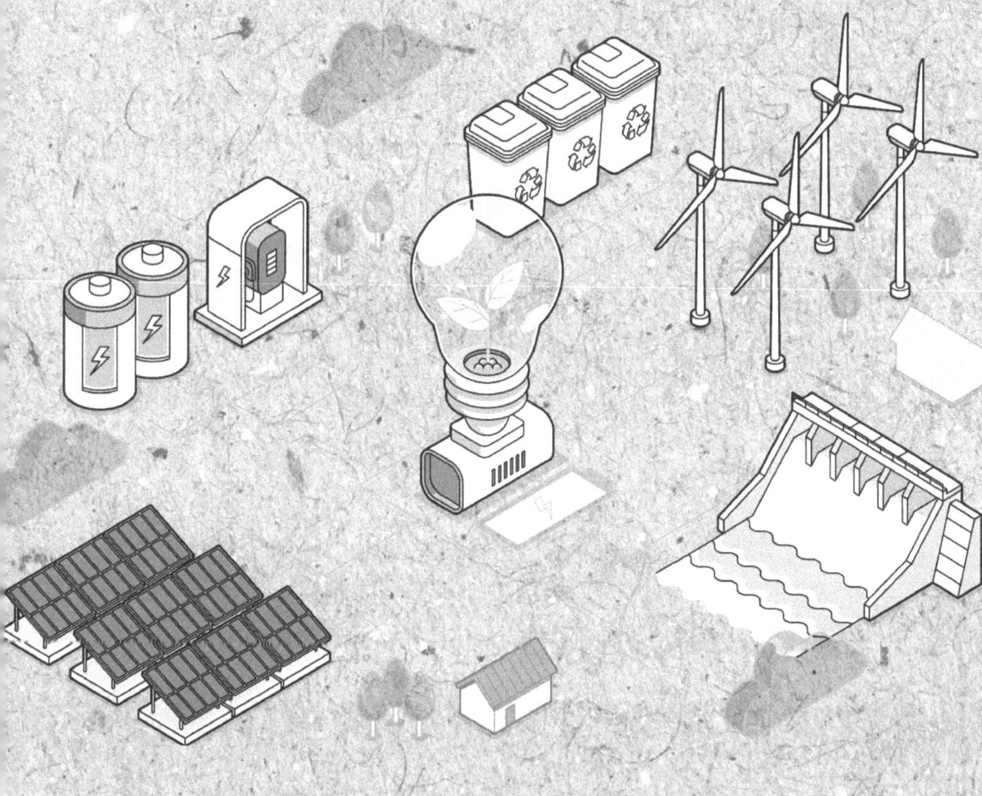

충남대학교출판문화원

이 책은 마을에서 리빙랩(Living Lab) 실험에 참여하는 연구자, 주민, 활동가들을 위해 쓴 이론서이자 실용서이다. 마을 주민과 활동가들은 이 책을 통해 마을에서 리빙랩에 참여하는 전체적인 과정과 방법을 이해하고 익혀 실험에 활용할 수 있을 것이다. 대학의 학부생이나 대학원생 및 관련 연구자들에게, 이 책은 현장연구에 앞서 이론적 준비물이 될 수 있다. 마을리빙랩 연구에 적용할 수 있는 사회이론과 현장(마을)의 실험프로세스 사례를 소개하였기 때문이다. 또한, 마을공동체 활동을 지원하는 중간지원조직, 행정기관, 지자체 등 유관 단체와 기관에서도 이 책에서 다소의 쓸모를 찾을 수 있으리라 기대한다.

필자가 이 책을 쓰게 된 동기는 10년 가까이 지역사회에서 마을, 공동체, 리빙랩 등의 이름으로 불리는 다양한 활동에 '연구자'로 참여하면서 저술의 필요성을 계속 느껴왔기 때문이다. '리빙랩'이란 무엇인가? 리빙랩은 2000년대 초반 미국과 북유럽의 연구자들이 과학기술, 특히 정보통신기술(ICTs)을 활용하여 일상생활과 삶의 공간에서 발생하는 불편을 개선할 목적으로 실험장소를 실생활 현장으로 옮기면서 등장한 개념이다. 국내에도 비슷한 시기에 이 용어가 처음 소개되고 실제의 실험도 2013년부터 시작되었지만 '리빙랩'이라는 용어는 아직까지 생소하고 익숙하지 않은 개념으로 여겨지고 있다. 필자는 이러한 상황에서 다양한 리빙랩이라고 불리는 다양한 활동들에 참여하고 있는 마을 주민들과 연구자들에게 리빙랩의 개념과 실험방법, 리빙랩의 중요성과 필요성, 특히 '마을에서 리빙랩하기'의 중요성과 필요성에 대해 소개해야겠다는 생각을 하게 되었다. 더 구체적인 이유는 다음과 같다.

마을 활동이나 리빙랩에 참여하는 핵심 주체는 대부분 해당 마을의 주민들이다. 이들 주민들은 짧게는 수년, 길게는 몇 대에 걸쳐 한 마을에 뿌리를 내리고 정주하며 살아온 사람들이다. 오랜 세월 동안 지역사회에서 살아온 주민들에게 '마을'의 의미는 삶의 터전 그 이상임은 물론이다. 당대의 주민들이 생계와 일상을 유지하는 일터와 삶터이며, 조상 대대로 가계의 역사와 정체성이 묻혀있는 장소이기도 하다. 그러한 연유로 주민들에게 마을이란 떼려야 뗄 수 없는 자연화(naturalization)된 애증의 공간이다. 그런데 이러한 의미는 마을 주민들의 삶에 매너리즘을 제공한다. "늘 반복되는 일상과 변화 없는 공간, 맨날 보는 똑같은 사람들. 좀 바꾸고 싶은데, 다 아는 우리 마을에서 뭐 새로운 일이 있겠어?" 이러한 의구심은 실험 주체들의 동기(motivation)를 깨우지 못하고 자신들의 마을을 연구나 실험과 무관한 대상물(objects)로 전락시키고 만다. 일종의 '마을 소외' 현상이다.

하지만 익숙하고 원래 그런 것처럼 자연화된 것들 속에도 모순과 문제는 숨어있다. 우리가 좋다고 인정하고 수용했기 때문에 우리의 모든 상황이 지금의 모습으로 존재하는 것은 아니다. 마을과 지역사회도 마찬가지이다. 어쩔 수 없어서 그렇게 고착되어 버린 구조들, 사람들과의 기계적인 관계, 매너리즘에 빠져 동력을 잃어버린 하루하루의 일상. 필자는 리빙랩 실험을 통해 이러한 마을 주민들의 삶에 생기와 에너지를 부어주는 많은 마을공동체 활동가들과 연구 참여자로 나선 주민들의 노고(勞苦)를 보면서 큰 존경심을 갖지 않을 수 없었다. 그리고 수십년 동안 지역사회와, 마을공동체와, 주민들의 마음 속에 숨어있던 '자치(自治)의 욕망'을 발견하게 되면서 소박하게나마 이러한 몸짓들을 기록해야겠다는 결심을 하게 되었다.

이 책은 이러한 존경심을 한데 모은 책이며 '마을리빙랩'이라는 새로운 용어의 개념, 지식, 실제 사례, 전망 등을 체계적으로 망라한 최초의 책이기도 하다. 책의 구성은 다음과 같다. 제1장부터 제3장까지는 '마을리빙랩'이라는 새로운 용어를 이해하기 위한 내용들을 서술하였다. 1장은 공동체와 지역사회의 속성을 가진 마을에 대해 '마을공동체'로서의 개념과 의미를 학술적으로 어떻게 다루어 왔는지 논의하였다. 2장은 마을리빙랩의 토대인 '리빙랩'에 대해 이론적으로 소개하는 장이다. 리빙랩의 기원과 역사, 이론적 정의와 방법론, 특징과 유형, 리빙랩 행위자 등에 대해 종합적으로 서술하였다. 3장은 '마을리빙랩'이라는 새로운 용어에 대해 본격적으로 소개하는 내용으로 꾸몄다. 국내에서 리빙랩 실험이 시작된 지 10여 년이 흘렀지만 '마을리빙랩'이라는 용어가 쓰이기 시작한 것은 불과 5년 안팎의 일이다. 그것도 학술적으로 공인된 용어가 아니라, 아직 마을이라는 리빙랩 실험 현장에서만 통용되고 있다. 그러나 이러한 용어의 등장이 시사하는 바는 매우 크다. 이를 '사회혁신의 기제'라는 맥락에서 살펴보았다.

제4장부터 제6장까지는 마을리빙랩의 실제 실험을 이해하기 위한 이론 및 방법적 프로세스를 소개하는 데 주안점을 두었다. 4장에서는

리빙랩 실험대상으로서 마을공동체를 어떻게 이해하고 분석해야 하는지 기능론·갈등론·상호작용론 등 사회이론의 주요한 세 관점과, 작은 사회의 일종인 마을의 제반 영역(구조, 일상, 문화, 행위와 관계, 환경, 역사 등)에 초점을 두어 이론적 분석(틀)을 소개하였다. 5장과 6장에서는 4장의 이론적 분석(틀)에 기초하여 실험의제를 발굴하고 해결해나가는 실제의 프로세스로서 마을리빙랩의 실험과정과 솔루션 실행체계를 다루었다. 5장은 마을의 누구로부터, 어디에서, 어떠한 마을의 문제를 발굴하여 실험의제로 결정할 것인가와 관련한 과정을, 데이터 조사방법과 공론화 및 의사결정에 이르는 순서로 소개하는 데에 할애하였다. 6장에서는 실제 실험마을에서 실험대상으로 결정된 실험의제를 어떠한 솔루션체계에 맞추어 해결해나가는가를 다루었다. 5장과 6장에서는 실제 실험사례들의 현장연구 상황을 세밀하고 구체적으로 담고자 하였다.

마지막 제7장은 지속가능한 마을리빙랩의 성취를 위해 당면한 몇 가지의 과제와, 최근 새로운 패러다임으로 이행하고 있는 리빙랩의 이론적, 방법론적 변화에 대해 서술하였다. 현재까지의 실험성과에 대한 평가체계의 구축, 메이커스(Makers)와 주민참여예산제를 활용한 공동창작, 실험기회의 확대를 해결과제로 제안하였다. 끝으로, 지속가능한 마을리빙랩의 성취를 위한 리빙랩의 최근 관점 및 이론으로 '전환랩'에 대한 이론과 사례를 간략히 소개하였다.

2023년은 국내의 현장에서 리빙랩이 직접 '실험'되기 시작한 지 만 10년이 되는 해이다. 2005년에 '리빙랩'이라는 용어가 과학기술정책연구원(STEPI)에 의해 우리나라에 처음 소개된 이후로 20년 가까운 세월이 흘렀고 그 과정에서 실로 눈부신 성과들이 쏟아졌다. 리빙랩은 사회혁신, 과학기술을 활용한 실생활과 일상의 문제해결 솔루션이라는 초기의 개념에서 4차 산업혁명에 돌입한 지금 새로운 의미로 변주되고 있다. 이미 국내에서도 신기술 개발 및 서비스의 개념을 넘어 사회문제 해결의 영역을 포괄하는 '폴리시 랩(Policy Lab)' 개념의 로컬랩(Local Lab), 소셜랩(Social Lab)이 등장하였다. 리빙랩 선진국인 유럽은 '전환랩(Transition Lab)'을 실험 중이다. 전환랩은 2만~3만 명 단위의 인구를 가진 우리나라 동(洞) 단위 이상의 마을 전체가 동시다발적으로 다양한 문제들을 해결해나감으로써 '마을혁신', '사회혁신'을 성취하려는 시도이다. 최근 우리나라에서도 리빙랩 연구자들, 연구 참여자로 동참하고 있는 마을 주민들, 기타 '마을' 연구자와 공동체조직, 나아가 유관 분야의 지원세력들이 4차 산업혁명의 거대한 파도를 타고 사회혁신이라는 더 큰 패러다임(paradigm)을 향해 항해하는 움직임들이 보인다. 모쪼록 마을에서 리빙랩 활동에 참여하는 이들 모두에게, 이 책이 이론적으로 또 실용적으로 조금이나마 도움이 되기를 소망한다.

끝으로 필자의 박사학위 지도교수님으로 공동체에 대한 안목을 열어주신 김필동 교수님(충남대학교 사회학과 명예교수)과 필자의 Post-Doc. 지도교수님이자 늘 넘치는 열정으로 후학들에게 귀감이 되어주시는 윤정로 교수님(카이스트 명예교수)께 감사의 말씀을 올린다. 또한, 마을리빙랩 활동에 필자를 연구자로 맞아주신 여러 마을의 주민들과 마을공동체 활동가들께도 이 지문을 빌어 감사의 마음을 전한다. 늦은 탈고에도 불구하고 너그러운 마음으로 출간에 힘써 주신 충남대학교출판문화원 편집진의 노고에 감사드린다.

2023년 8월

박혜경

목 차

제1장 마을공동체: 개념과 의미의 역사

제2장 리빙랩의 등장과 발전

제3장 마을리빙랩: 사회혁신의 기제

제4장 리빙랩 대상으로서 마을공동체

제5장 마을리빙랩의 실험과정

제6장 마을리빙랩의 솔루션 실행체계

제7장 지속가능한 마을리빙랩

제1장

마을공동체: 개념과 의미의 역사

제1장
마을공동체: 개념과 의미의 역사

'마을리빙랩'은 아주 간략하게 "마을공동체에서 실행하는 리빙랩"이라고 말할 수 있다. 따라서 '마을리빙랩'이라는 새로운 용어를 이해하기 위해서는 마을, 공동체, 마을공동체 등의 개념과 정의부터 확인할 필요가 있다. 이 장에서는 이 세 용어의 개념이 역사 속에서 어떠한 의미로 정의되어왔는지 알아보는 한편, 각각의 개념적 특징을 비교해 봄으로써 공통점과 차이점을 확인해보고자 한다. 아울러, 마을 및 공동체 등과 혼용되고 있는 지역사회, 지역공동체의 개념에 대해서도 간략히 살펴보고자 한다.

1. 마을과 공동체

'마을'이란 무엇일까? 마을은 순수 한글 ㅁ·(村)+ㄹ(谷), 일본어 つち(土), 한자 村, 영어로는 village(시골에 있는 집)에 어원을 두고 있는 말이다. 국어사전에는, 한국어로 마을은 일본어의 村(むら), 里(さと), 町(まち)와 같고 중국어 村(cūn)에 해당하며 영어로는 Village, Town, City 등으로, 독일어로는 Dorf라고 소개되어 있다. 이러한 어원의 의

미를 고려하면, 마을은 '사람들이 모여 사는 시골의 공간'이라고 간략히 정의될 수 있다(김기홍, 2014: 91; 차철욱 외, 2017: 21; 김진범 외, 2008: 9).

그러나 마을에 대한 사전적 정의를 더 살펴보면 '고대부터 현대까지 존재하는 공동체 집단의 군락'이라는 의미가 덧붙어 있다. 이 개념 속에는 앞서 언급한 정의 이외의 의미들이 포함되어 있다. 먼저, 마을은 고대부터 현대에 이르는 오랜 역사를 거치며 형성되었다는 점이다. 이 말은, 마을은 사람들이 정착 생활을 하면서부터 형성된 공동체라는 의미로, 농촌과 같은 전통사회와 관련이 깊은 특성을 내포하고 있음을 알려준다. 다음으로, 마을은 현대사회에도 존재한다는 것이다. 이렇게 볼 때, '마을'이라는 용어는 도시와 농촌에 모두 적용되는 보편적 개념이라는 것을 알 수 있다. 마을은 또, 군락(群落)으로 모여있는 공동체 집단의 의미를 지닌다는 점을 확인할 수 있다. 이 의미는 마을이 공동체적 속성, 다수의 구성원이 모여 있는 집단과 무리의 속성을 지니고 있음을 확인해준다(배영동, 2011: 124; 김성균 · 이창언, 2015: 6; 차철욱 외, 2017: 19-24).

이러한 마을의 어원과 개념 정의 등을 토대로 볼 때 마을은 '특정한 공간에, 사람들이 자연스럽게 모여, 함께 살아가는, 오랜 시간에 걸쳐 자연스럽게 형성되어 과거부터 현재까지 존재하는 것으로, 공동체로서의 집단적 특성을 가지고 있다'고 하겠다.[1] 따라서 마을의 개념은 시 · 공간적 공유, 공통의 경제활동, 공동의 유대와 소속감 등을 갖는 존재로서의 의미로 압축할 수 있다. 이러한 개념은 아주 간략하게 지

1) 그러나 도시화(urbanization)가 진행된 현대사회의 대도시 지역에서는 '마을'이라고 부를만한 군락 공동체를 찾기가 쉽지 않다는 특징도 있다. 또, '자기가 사는 집의 근처'라는 인식적 범위의 개념인 동네와도 구별되고 있다. 곽현근 · 노병일 · 강용배(2003)는 "동네란, '주거지의 인접성에 기초한 비공식적이고 대면적인 일련의 상호작용이 이루어지는 이웃과의 교류의 장소"라고 정의하고 있다(곽현근 · 노병일 · 강용배, 2003: 32).

역성(지리적 공유), 공생성(상보적 일상생활의 삶), 공속성(동류의식, 공동의 이해관계)으로 언급되기도 한다(김선웅, 2006: 456-462). 더 나아가 지역성, 공생성, 공속성은 '공동체성'으로 요약될 수 있다. 공동체성이란, 특정 지역의 구성원들이 공생성, 공속성, 유대 등과 같은 공동체의 속성과 규범을 지속하려는 특성을 말한다(Poplin · 홍동식 · 박대식, 1985: 17; 박혜경, 2021a). 즉, 마을은 도시, 농촌 등과 같이 지역적으로 서로 다른 특성과 개념으로 구분되는 공간과 달리 농촌-도시, 전통사회-현대사회에서 공통으로 확인할 수 있는 보편적 개념이다.

그렇다면 '마을'은 '공동체'와 얼마나 같고, 어떤 점에서 다를까? 20세기 중반에 공동체라는 용어에 대한 학술적 논의는 지지보다는 강한 비판에 직면해있었다. 당시까지 '공동체(community)'라는 용어는 매우 포괄적이며 또 다의적(多義的)으로 사용되어 왔기 때문인데, 그 결과 용어의 특정화가 어렵고 단일하게 정의되지 않아 비(非)과학적 용어라는 비판에 내몰리기도 하였다(Hillery, 1963: 779; Frelich, 1963: 118; Poplin · 홍동식 · 박대식, 1985: 17).

'공동체(community)'라는 주제는 19세기 사회사상에서 가장 괄목할 만한 재발견으로 꼽힌다. 사회학의 창시자인 A. 콩트(Comte)를 시작으로 M. 베버(Weber), E, 뒤르껭(Durkheim), 그리고 《공동사회와 이익사회》(Gemeinschaft und Gesellschaft)로 널리 이름을 떨친 F. 퇴니스(Tönnies)에 이르는 고전사회학자들 대부분은 19세기에 '사회(society)'를 정의하면서 그 특성을 공동체적인 것(the communal)과 반대되는 비(非)공동체적인(non-communal) 것들로 요약하였다. 공생-경쟁, 협력-갈등, 비(非)계약적 헌신-계약적 합의, 인격성-비(非)인격성 등의 극명한 대비로 '공동체-사회'를 비교하였던 것이다. 그리고 그들은 공동체의 원형으로 '가족(family)'을 지목하였다(Nisbet, 1962;

Nisbet, 1993; Nisbet · 지승종, 1985: 102-154; Delanty, 2003: 2-3).

당시 공동체에 대한 사회학의 이러한 흐름은, 18세기 이래 매우 혼란스럽게 흩어져있던 입장과 관점들[2)]을 전면적으로 통합시켰다고 평가할 수 있는 성과였다. 고전사회학자들은 저마다 공동체의 서로 다른 측면들에 주목하였지만[3)] 그들은 모두, 사회학이 19세기의 그 어떤 학문보다 '사회적인 것(the social)'의 개념에 우선하게 된 준거점이 바로 '공동체적인 것(the communal)'에 있었다는 점에 동의하였다(Nisbet, 1962; Nisbet, 1993; Nisbet · 지승종, 1985: 114). 특히 공통의 신념과 가치라는 의미의 '집합의식(collective consciousness)'을 강조하였던 뒤르껭은, 사회(society)를 공동체가 확대된 개념으로 보았으며 친밀감, 정서적 응집의 연속성에 의해 형성되는 집단으로서의 공동체적 가치와 속성들은 바로 19세기 사회의 발견과 동시에 전면적으로 부활(재발견)되었다고 보았다(Nisbet, 1962; Nisbet, 1993; Nisbet · 지승종, 1985: 151-153).

하지만 20세기 초반의 여러 사회학자들은 공동체를 정당한 사회학적 연구 대상으로 보는 것에 동의하였음에도 불구하고 '공동체'라는 용어를 계속 사용해야 하는가를 둘러싸고 논쟁을 벌였다. 그리고 이러한 논쟁의 핵심에는 공동체에 대한 개념 정의의 문제, 공동체에 대한 가치판단의 문제라는 두 가지 쟁점이 자리 잡고 있었다.

먼저 공동체의 가치판단 문제를 논의한 잭슨(Jackson)은, 공동체에 대한 현대적 관심은 인간이 자연적으로 정주하던 유토피아적 상태의

2) 대표적인 입장들로는 공동체의 이미지를 둘러싼 보수주의자와 개혁주의자들 사이의 개념적 갈등, 흔히 공상적 사회주의자들로 분류되는 오웬·쌩시몽·푸리에 등의 유토피아 공동체론, 마르크스주의자들과 아나키스트로부터 촌락공동체와 길드 조직의 해체과정에서 잃어버린 공동체성을 회복해야 한다고 주장하는 복고적 지향에 이르기까지, 그야말로 공동체를 둘러싼 다양한 사상의 흐름이 뒤섞여 존재하였다(Nisbet·지승종, 1985: 108-114).

3) 예를 들어, 콩트는 도덕적 공동체, 르 플레이는 경험적 공동체, 퇴니스와 베버는 유형론으로서의 공동체, 뒤르껭은 방법론으로서의 공동체에 주목하였다(Nisbet·지승종, 1985: 114).

전통적 공동체로 돌아가려는 움직임에서 벗어나야 함과 동시에 전통적 공동체에서 벗어난 그 이후의 새로운 공동체의 흐름을 해체적인 비정상적 위협으로 바라보는 관점에서도 탈피해야 한다고 주장하였다. 그러나 공동체의 개념 정의와 관련하여서는 이보다 훨씬 복잡한 논쟁들이 이어졌다. König는 행정적 단위로서의 공동체와 사회적 실재로서의 공동체 간의 불일치로 볼 때 공동체는 어원의 모호성을 가지고 있다고 하였으며(König · Fitzgerald, 1968: 14-21), 갠즈(Gans), 팔(Phal) 등은 공동체를 농촌과 도시 사이의 물리적 차이를 초래하는 사회학적 독립변수로 볼 수 있는지, 아니면 단순한 지리적 표현으로 보아야 하는지 의문을 제기했다. 심지어 스테이시(Stacey)는 공동체가 지리적 영역인지, 소속감인지, 노동이 없는 관계인지 등의 여러 차원에서 개념적 불일치가 발생하는 비(非)개념적 용어라며 이를 폐기해야 한다고 강도 높게 비판하기도 하였다.[4](Bell & Newby · 김경일, 1985: 93-101).

그러나 사회학적 관점에서 공동체의 개념에 대한 유의미한 정의는 G. 힐러리(Hillery)의 정의를 기반으로 논의한 D. 포플린(Poplin)에서 찾을 수 있다. 포플린은 힐러리가 공동체의 정의에 포함되어야 할 최소 요인으로 꼽은 지리적인 영역, 사회적 상호작용, 공동체의 유대 등 세 가지의 요인이 지역적 변수(지리적 영역), 사회학적 변수(사회적 상호작용), 문화 · 심리적 변수(공동의 유대)를 포함하고 있다고 보았다(Hillery, 1955; Poplin · 김경일, 1985: 26-49). 또, 공동체를 사회집단으로 파악한 E. 힐러(Hiller)[5]와 공동체를 주요한 사회기능들을 수

---

4) 스테이시(Stacey)는 지역에는 지역에 기반을 둔 '제도'가 존재하고 이를 확인할 수 있는 '지역적 사회체계'가 형성되어 있으므로 이 이론적 모델과 경험연구 결과 간의 관계를 규명해나가는 작업이 필요하다는 점을 강조했다(Bell & Newby · 김경일, 1985: 94-96).

5) 힐러(Hiller)에 따르면, 사회집단은 일정한 성원들의 결집으로 이루어져 있고, 성원이 되기 위한 자격 요건, 할당된 역할 체계, 준수해야 할 일련의 규범을 가지고 있다는

행하는 사회적 단위들 및 체계로 파악한 R. 워렌(Warren)의 논의를 종합하여 공동체의 정의를 보다 구체화하였다.

포플린에 따르면, 지역적 · 지리적 변수들이 공동체의 위치 및 잠재적인 성장과 상호작용 관계에 놓여있는 것이 명백하므로 이 변수가 공동체를 정의하는 데 필수 요인이라고 보았다. 또, 공동체는 사회 조직체의 단위로서 사회집단 및 사회체계로서의 의미를 지니고 있다는 데 동의하였다. 특히, J. 버나드(Bernard)가 공동체 개념에 대한 딜레마 해결을 위해 제시한 방책으로 조직체로서의 '공동체(community)'와 지역적 차원을 지니는 사회조직체 단위로서 '지역공동체(the community)'를 구분해야 한다는 의견도 수용하였다. 아울러 상호작용의 연결망으로서의 공동체의 특성, 마지막으로 문화적 · 심리적 단위로서 가치 · 신념의 동일시를 기반으로 하는 공동체 의식을 공동체의 정의에 포함하였다(Poplin · 김경일, 1985: 26-49; Poplin · 홍동식 · 박대식, 1985: 23-41).

공동체에 대한 이처럼 다소 복잡한 개념 정의와 논의는 현재까지 이어지고 있다. 마을과 공동체 및 지역사회 연구에 참여하는 연구자들조차 공동체의 개념에 대해 매우 다양한 정의를 내리고 있다. 이재열(2006)은 '정주 단위를 기초로 소속감과 유대감을 공유하는 집단'이라고 정의하고 있으며 곽현근(2012)은 '일정한 지리적 경계 안에서 살면서 주민 상호 간에 그리고 자신이 살고있는 장소에 대해 사회적, 심리적 유대를 가진 사람들'이라고 하였다. 이종수(2015)는 '공동체는 공동의 생활양식 혹은 공간 안에서 상호교류를 통해 연대감이나 소속감을 공유하고 있는 집단'이며 '개인이 공동체에 속함으로써 동반성장이 가능하다는 인식을 바탕으로 구성원들 간 상호작용을 통해 연대의

점에서 공동체의 속성에 부합하는 것이라고 볼 수 있다(Poplin · 김경일, 1985: 31; Poplin · 홍동식 · 박대식, 1985: 27).

식을 가지는 집단'이라고 정의하고 있다. 또, 여관현(2013)은 공동체의 구성 요소를 지역의 구성원으로서 느끼는 소속감, 욕구의 충족, 연대의식, 지역사회와의 일체감, 구성원들과의 정서적 친밀감 등으로 분류하였다. 김미영(2015)은 공동체가 상호의존성과 공통의 생활형식에 기반한 동네와 같은 소규모의 집단과 유사하며, 공유된 경험이나 언어, 연고와 공통의 공간적 생활세계에 거주함으로써 소속감을 형성하게 만든다고 하였다(이재열, 2006; 곽현근, 2012; 이종수, 2015; 여관현, 2013: 56; 김미영, 2015: 198; 이태동 외, 2017: 43-44).

그러나 이러한 다양한 정의에도 불구하고 공동체의 개념에는 공동의 생활양식, 공동의 공간, 정서적 친밀감과 소속감, 상호작용과 유대 등의 요소들이 공히 포함되어 있음을 알 수 있다.[6] 아울러 공동체의 개념에는 광범위한 지역성의 의미보다는 소규모 집단의 친밀한 관계망의 의미가 특히 강조되고 있음을 확인할 수 있다.

그렇다면 마을과 공동체의 공통점과 차이점은 무엇일까? 김기홍은, 마을과 공동체의 공통점으로 장소에 기반을 둔 모듬살이, 친밀한 대인관계, 연대감과 정체감 등의 요소를 꼽고 있다(김기홍, 2014: 91). 하지만 마을과 공동체는 차이점도 가지고 있다. 마을은 오랜 세월에 걸쳐 이러저러한 형태와 특성으로 만들어지고 성장하고 쇠퇴해왔다는 점에서 자생적 성격이 강하다. 반면 공동체는 의도적으로 구성된 집단의 성격이 상대적으로 강하다, 또한 마을을 특징짓는 주요한 요소로 지리적인 자연 여건을 들 수 있는 것과 달리, 공동체를 특징짓는 주요 요소로 자연 여건이 절대적으로 필요하지는 않다고 할 수 있다. 이러한 점들을 종합적으로 고려해볼 때 마을은 전통적으로 공동체적 요소를 지닌 사회라고 할 수 있지만, 모든 공동체가 곧 마을이자 사회는 아니라고 할 수 있다.

---

6) 김선웅(2006)은 공동체의 이러한 특성을 '공속성'이라고 표현하였다.

마을을 구성하는 '사람들'의 의미도 공동체에서의 그것과 다소 차이가 있다. 마을의 구성원인 사람들은 개인이 아닌 긴밀한 상호작용 관계를 맺고 있는 복수의 사람들이며, 이들은 마을로 불리는 일정한 공간에 정주(定住) 혹은 지속적으로 왕래하는 일종의 '주민'의 의미를 가지고 있다. 그러나 공동체의 구성원으로서의 사람들은 주민의 의미보다는 정신적 유대감이나 소속감에 강하게 결부된 존재의 의미가 상대적으로 더 강하다. 예를 들어, 고향을 떠나 타지에서 학업이나 직장생활을 하는 사람들은 향우회와 같은 공동체의 구성원으로서 태어난 지역에 대해 시·공간을 초월하여 강한 유대감을 가지고 있을 수는 있으나 타향살이를 하고 있기 때문에 고향의 (거)주민이라는 실제적 의미를 갖지는 않기 때문이다.

2. 공동체와 지역사회

공동체의 community는 우리말로 '지역사회'로 번역되어 소개되기도 한다. 그러나 지역사회라는 개념은 region의 어원을 가지고 있으므로 엄밀한 의미에서 공동체와 지역사회는 구별해서 이해하는 것이 바람직하다. 또, 원어를 community와 동일하게 쓰는 경우라 하더라도 우리말로 공동체와 지역사회로 달리 번역하게 되면 각각 다른 특성과 의미를 함축한다고 보아야 한다.

실제로 분과학문으로서 '지역사회학'의 학술적 용어는 영어의 원어에서 공동체적 특성에 주목하느냐 여부에 따라 분명하게 구분되어 있다. '지역사회학'이라는 용어는 H. 오듐(Odum)이 발표한 1945년의 논문 "From Community Studies to Regionalism"에서 최초로 등장하였다. 이후 오듐과 함께 K. 죠커(Jocher), M. 젠슨(Jensen) 등에 의해

이 개념과 분야가 발전되었는데, 당시에는 지역사회학이 사회학에서 차지하는 학문적 위치와 정의 및 이론 등이 정확하게 정립되지 못한 상태였다(임형백, 2004).

그러나 'Sociology of Community'의 원어를 가지고 있는 '지역사회학'과 'Regional Sociology'의 원어에서 출발한 '지역사회학'은 우리말로 동일하게 번역되었음에도 불구하고 서로 다른 의미를 담고 있다. 즉, 전자는 community라는 용어를 명시한 바와 같이 '공동체적 특성'에 주목하여 지역사회를 탐색하는 학문적 범주로 규정되어 있고 후자는 regional이라는 단어에 기초하여 특별한 집단으로서의 지역, 결사체적 형태, 지역사회체계의 비교연구 등에 초점을 두는 특성이 강하다(임형백, 2004).

버나드는 두 용어의 개념적 혼란을 해결하기 위해 공동체를 community로, 지역사회를 the community로 정돈한 바 있다. 또, 이러한 차이에 기반하여 공동체와 지역사회의 개념도 달리 정의하였다. 그 정의에 따르면, "공동체(community)란, 다양한 상황에 처해 있는 사람들 사이에서 발견될 수 있는 공동유대 및 정신적 결합을 나타내는 것"으로, 예를 들어 학문공동체, 유목촌 등을 들 수 있다고 소개하였다. 반면, "지역사회(the community)란, 지역적 차원을 가지는 사회조직 단위를 나타내는 것"으로 작은 마을, 촌락, 읍, 시 등이 이에 해당한다고 제시하였다. 나아가 보다 간단하게 '지연(地緣)적 지역사회'와 '공동체적 지역사회'라는 표현으로 둘을 구분하기도 하였다(Bernard, 1973: 3-5; Bernard · 안태환, 1982: 31-51).

버나드는 이러한 개념을 보다 명확히 하기 위해 지연(地緣)의 의미에 주목한 설명을 추가하였다. 그녀는 유목민에게 있어서 지연(地緣)의 의미는 정착의 의미를 갖는 농경민의 지연(地緣)과 다르며, 따라서 유목민에게 있어서는 '지연적 지역사회'보다 유목생활 과정에서도 유지되는 공통의 유대와 사회적 상호작용이라는 의미의 '공동체'가 더 강조된다고 하였다. 이렇게 볼 때, 지역사회는 가장 기본적이고 포괄적인 사회학의 단위 개념이라고 할 수 있지만, 이와 달리 공동체는 '지연'이라는 특징보다는 '개인 간의 친밀도가 높고, 정서적 집착이 깊으며, 도덕을 바탕으로 연속성을 가지는 특징을 갖는다고 하겠다(Bernard, 1973: 3-5; Bernard · 안태환, 1982: 15).

'공동체'를 학문적 용어로 처음 사용한 R. 매키버(MacIver)는 공동체 형성의 토대적 요인으로 '심리적 관계'를 강조했다. 그는 사회 속 인간은 물질적, 유기체적 기반과 관계없이 심리적 법칙들에 의해 결합한다며 '공동체란, 인간 심성의 활동에 의해서 만들어지는 것'이라고 하였다. 즉, 인간의 활동에는 불가분한 관계의 심성적인 두 측면으로, 객관적 측면인 관심(interest)과 주관적 측면인 의지(will)가 있으며 이러한 두 요소가 갖는 관계의 정도와 강약 등에 따라 (더 공동체적이거나 더 사회적이라고 볼 수 있는) 다른 형식들이 생겨난다고 보았다(김진범 외, 2008: 11; MacIver · 김경일, 1985: 155-166; Poplin · 홍동식 · 박대식, 1985: 136-137).

이렇게 볼 때, 공동체와 지역사회의 개념은 다음과 같은 차이가 있음이 분명히 확인된다. 첫째, 공동체는 장소성(場所性)과 같은 지역적 제한에 묶이지 않는 개념이라고 볼 수 있다. 반면, 지역사회는 한정된 공간이라는 제한된 장소성(場所性)과 지리적 경계를 분명히 갖는 개념이라고 할 수 있다.

둘째, 앞의 절에서 살펴본 바와 같이 공동체의 개념에는 공동의 생활양식, 공동의 공간, 정서적 · 심성적 친밀감과 소속감, 상호작용과 유대 등의 요소들이 공히 포함되어 있다. 다시 말하면 공동체는 강한 공속성을 지닌다. 이와 달리 지역사회는 공동체에 비해 상대적으로 느슨한 유대, 결사체적 유대의 특성을 더 많이 갖는다고 하겠다.

셋째, 공동체와 지역사회는 규모의 측면에서도 차이가 있다. 공동체의 개념에는 광범위한 지역성의 의미보다는 소규모 집단의 친밀한 관계망의 의미가 특히 강조되고 있다. 이러한 특성은 광범위한 행정적 경계를 단위로 하는 지역사회와 비교할 때 뚜렷한 차이로 확인된다.

하지만, 공동체와 지역사회는 공통점도 가지고 있다. 인류사회가 복잡하고 고도화된 현대사회에 이르면서 친밀성과 유대의 비중이 높았던 공동체들은 다양한 지역사회의 형태로 그 특성이 양적, 질적으로 변화되었음이 분명하다. 그러나 이러한 변화에도 불구하고 공동체와 지역사회는 공동체적 속성을 여전히 공유하고 있다고 판단된다. 공동체와 지역사회의 공동체적 속성이 비록 강도의 차이가 있을지라도 말이다.[7)]

한편, 국내의 지역사회 연구자들 사이에서도 지역사회에 대한 개념 정의를 둘러싼 다소간의 차이가 확인되고 있다. 정지웅 · 이성우 · 정득진 · 고순철(2000)은 '지역사회'의 개념을 버나드 등과 비슷하게 정리하고 있다. 즉, "지역사회란 생태와 환경, 인구의 구성, 사회조직체 형성의 기본단위이자 정치 · 경제 · 교육 · 문화를 이루는 기본 장(場 · field)"이라고 하였다.

이와 달리 개념 정의에 있어서 새로운 패러다임의 필요성을 강조하는 입장도 있다. 정지웅 외(2004)는 "지역공동체 중심의 community는 20세기 후반부터 불어닥친 세계화, 지구촌화, 정보화 추세에 따라 '하나의 세계를 지향하는 광역화' 현상을 보이고 있으며 산업의 고도화, 도시화의 진행으로 농촌공동체가 도시와 통합되는 양상 그리고 세계

7) C. Zimmerman(1938)은 이러한 모호함을 피하기 위해 지리적 거리에 기반하여 지역지향적(localistic)지역사회와 광역지향적(cosmopolitan)지역사회를 구분하고 각각의 특성에 대해서도 전자는 집단 유대감, 정감, 친절이 강조되는 반면 후자는 개인의 이기적 욕구충족, 관습 경시, 취약한 정감 등이 강조된다고 대조하였다(Poplin · 홍동식 · 박대식, 1985: 137-140).

를 하나의 유기체적 공동체로 보려는 초(超)이데올로기적 시각이 등장함에 따라 '통합적' 지역사회 연구가 필요한 상황이 되었다"라고 적었다. 김경일(1998)도 "1960년대 이후 1990년대 중반 이전까지의 지역사회 연구는 단일지역 중심의 미시적 연구가 주를 이루면서 지역-지역 간 연결, 지역과 그 지역이 속한 상위 지역과의 관계, 나아가 세계체제 내에서의 위치와 역할 등에 대한 연구가 전무했다"며 지역연구 패러다임의 새로운 변화와 확장을 강조하였다(정지웅 · 이성우 · 정득진 · 고순철, 2000; 정지웅 외, 2004; 김경일, 1998).

그런데 이러한 입장들은 모두 2000년대를 전후한 시점에 표방된 것이라는 공통점이 있다. 이렇게 볼 때, 1960-70년대 미국에서 지역사회와 공동체에 대해 정립된 초창기의 개념 정의는 지난 반세기 동안의 많은 경험연구의 결과들을 반영하여 새롭게 재정의될 필요가 있다.

하지만 그럼에도 불구하고 마을, 공동체, 지역사회, 지역공동체, 마을공동체 등의 서로 다른 용어가 함축하고 있는 본래의 의미에는 분명히 질적 차이가 남아있다고 보는 것이 타당하다. 왜냐하면, 현재까지 이어지고 있는 마을과 공동체 그리고 지역사회 연구의 많은 학술적 보고의 용례가 여전히 특정한 함의들에 주목하여 달리 쓰이고 있기 때문이다. 예를 들어, 도시에는 없고 지역(지방)에만 있는 것(논밭, 사투리, 청년회, 마을회관 등)들에 대한 연구는 분명히 지역사회의 차원에서 학술적 가치가 높은 연구에 해당한다. 하지만 마을과 공동체는 도시와 지역을 막론하고 그 어디에나 존재한다. 그 결과 마을 및 공동체와 연관된 다양한 세부 연구들은 어느 곳에서나 발굴할 수 있는 연구주제이며, 이러한 점에서 모든 마을 및 공동체 관련 연구를 지역사회 차원의 연구로 인정하기는 어렵다. 지역을 단위로 마을과 공동체의 문제를 다루는 일부 연구의 경우만이 지역연구에 포함될 것이다. 따라서 연구 대상의 특성과 연구자 개인의 관심 및 초점에 따라 마을, 공동체, 지역사회 등의 용어와 개념은 앞으로도 계속 신중하게 구별되어 다루어질 필요가 있다.

3. 마을공동체: 개념과 특성

'마을공동체'라는 용어 속에는 '마을'이라는 개념과 '공동체'라는 개념이 직접적으로 연결되어 있다. 이러한 복합적 용어의 사용은 특정한 대상을 '마을'의 개념만으로 혹은 '공동체'의 개념만으로 이해할 때 놓칠 수 있는 정의적 위험을 효과적으로 제거해줄 수 있다. 즉, 연구자들은 '마을공동체'라는 용어를 사용함으로써 마을이기도 하고 동시에 공동체이기도 한 실체로서, 그 대상의 본질과 특성을 더 심층적으로 인식하는 것을 기대할 수 있다.

마을공동체는 일본의 마치즈쿠리(まちづくり)라는 단어가 국내에 들어와 번역·사용되면서 '등장'하였다(이태동 외, 2017: 45; 마을연대, 2003). 일본에서 마치즈쿠리(まちづくり) 개념이 출현한 시점은 1970년대 말~80년대부터였다. 1970년대 두 차례의 오일쇼크를 거치며 맞닥뜨리게 된 세계적인 경제위기는, 일본 시민들에게도 이도향촌(移都鄕村)하여 고향, 지역의 소중함을 깨닫고 지역다움을 되찾으려는 움직임을 갖게 하였다. 이러한 흐름에 따라 당시 일본 각지에서 마을 부흥, 섬 부흥, 마을만들기 등과 같은 말이 유행하며 회자하기 시작했는데 그 와중인 1983년경 이카자키(五十崎)라는 산간 마을에 요모다(よもだ) 학원이 생겨난 것이 마치즈쿠리의 시작이었다. 그러나 요모다 학원은 이름만 학원이었을 뿐이다. 실상은 도쿄에서 농업과 양조를 공부하고 귀향한 '가메오카 아키라'라는 주인장이, 오랜 타향살이로 소원해진 마을 사람들과 대화를 통해 관계 맺기를 시작하려는 목적에서 개방한 소모임의 장소와 다르지 않았다. 등록한 학원생은 한 명도 없었지만, 마을 사람들은 퇴근하며 집에 돌아가는 길에 이곳에 들러 자유롭게 이야기를 나누고 차(茶)를 마시며 새로운 사람들과 유대관계를 쌓아나가는 자발적 모임을 지속하게 되었다(다무라 아키라 · 장준호 · 김선직, 2007: 16-19). 그 후, 이를 계기로 일본에서는 자발적인 마치즈쿠리(まぢづくり) 모임이 거대한 새 패러다임을 형성하면서 실천적 운동으로 전환되기에 이른다.

이렇게 구축된 일본의 마치즈쿠리(まぢづくり) 운동은 마을을 만드는 원칙으로 몇 가지의 중요한 의미들을 도출하였다. 관 주도에서 시민주도의 마을로, 하드(hard)뿐만이 아니라 소프트(soft)를 포함하는 종합적 마을로, 개성적이며 주체성 있는 마을로, 모든 사람이 안심하고 생활할 수 있는 인간존중의 삶의 가치가 있는 마을로, 커뮤니티와 구조가 있는 마을로, 마을만들기를 할 수 있는 사람이 있는 마을로, 양호한 환경이 축적된 마을로, 이웃 마을에까지 눈을 돌리는 마을로, 세계의 마을과 연계하는 마을로, 이념이나 겉치레가 아닌 실천적인 마을로 만들어 나가는 것을 마치즈쿠리(まぢづくり) 운동의 의미로 공유 · 확장한 것이다. 또, 실천적인 업무로 환경오염 방지, 녹지 및 토지이용 적정화, 지역산업 활성화, 안전한 교통환경 구축, 장애 · 질병 · 고령 · 고독의 억제, 범죄 예방, 지역 내 관광 · 문화 · 오락의 개성화, 국제적 연대와 교류 활성화 등 마을과 지역사회 전반에 대한 실천 분야를 제안하였다(다무라 아키라 · 장준호 · 김선직, 2007: 46-53).

국내에서 마치즈쿠리(まぢづくり)에 기원을 두고 있는 '마을만들기'라는 용어가 한 단어로 정돈되어 쓰이기 시작한 시점은 2000년대 초반부터이다. 그 이전까지는 '동네가꾸기', '마을가꾸기', '마을만들기' 등의 단어가 뒤섞여 사용되었는데, 마을만들기를 주도했던 '마을연대'가 2003년에 출간한 〈주민참여 마을만들기의 마을디자인운동 평가집〉에

이들 용어를 정리 · 소개하면서 '마을만들기'라는 용어로 수렴되었다(성균관대학교 산학협력단 · (주)이락, 2012: 20-21). 당시 출간된 이 평가집은 '마을만들기'의 개념을 다음과 같이 정의하고 있다.

> '마을만들기'란 일본의 마치즈쿠리(まちづくり)라는 용어를 직역한 말로, 주변환경에 관심을 갖고 지역에서 발생하는 문제를 주민들 스스로가 해결하기 위한 활동들을 의미한다. 여기서 '마을'의 의미는 예전의 공동체적 단위의 공간 범위를 넘는 광범위한 의미로 사용된다. 즉, 우리들이 일상생활에서 활동하는 집, 학교, 직장, 공원, 거리 등을 모두 포함한다. '만들기'의 의미는 크게 두 가지로 볼 수 있는데 하드웨어적인 부분과 소프트웨어적인 부분에서 살펴볼 수 있다. 도로, 상하수도와 같은 도시기반시설의 정비에서부터작은 화단을 만드는 일까지, 물리적인 변화를 일으키는 요소를 하드웨어적인 요소라 한다면, 마을축제 등 주민들의 삶을 풍요롭게 해줄 수 있는 프로그램, 주민모임과 같은 조직을 만드는 등의 일들을 소프트웨어적인 요소라고 볼 수 있다. 따라서 '마을만들기'는 공동체의 삶을 회복하기 위한 활동이며, 그 과정에서 주민들이 학습과 체험을 통한 상호의견의 조율과 합의를 이끌어내게 되므로 민주적인 의사결정의 과정이기도 하다(마을연대, 2003; 성균관대학교 산학협력단 · (주)이락, 2012: 21).

이 평가집의 내용을 보면, 우리나라의 마을만들기는 일본의 마치즈쿠리(まちづくり)와 비교할 때 그 원칙과 의미, 실천 업무 영역이 거의 같다. 이렇게 볼 때, 국내의 마을만들기도 마치즈쿠리(まちづくり)와 마찬가지로 인위적인 만듦보다 주민들이 함께 고민하고 협동하면서 마을을 스스로 디자인하고 마을의 문제를 스스로 해결하는 과정에서의 만듦을 지향한다고 볼 수 있다(김이준수 외, 2013: 15).

그렇다면 마을만들기와 마을공동체 활동은 차이가 없는 개념일까? 결론부터 말하면 그렇지 않다. 이 절의 모두(冒頭)에서 언급한 바와 같이, '마을공동체'라는 용어는 일본의 마치즈쿠리(まちづくり)라는 단

어가 국내에 들어와 번역·사용되면서 '등장'하였지만, 용어 수입 초기에는 '마을만들기'라는 단어가 우세를 점하면서 마을공동체라는 용어가 보편화되지 못했던 것으로 보인다.

우리나라에서 현대적 의미의 '마을공동체' 개념은 1990년대 이후 지방자치가 본격적으로 시작되면서 대두되었다. 당시에 주민과 지역 리더를 중심으로, 그리고 시민활동가와 전문가들이 참여하여 지역문제 해결을 위한 노력을 전개하면서 마을공동체의 형성이 본격적으로 진행되었다. 초기의 마을공동체는 대부분 자생적으로 형성되었다. 대표적인 사례로는 1990년대 마을 내에서 공동육아를 위한 어린이집을 만든 성미산 마을, 성대골 에너지자립 마을 등을 들 수 있다. 그러나 그 이후에는 정부와 지자체가 적극적으로 공동체 활성화를 도모하기 위한 지원정책을 추진하면서 정책적 영향을 많이 받았다고 하겠다[8)](이태동 외, 2017: 45-46; 지남석·임병호, 2016: 14-15)

그러나 당시의 마을공동체는 엄밀하게 볼 때 '마을'의 개념보다는, '소규모 집단으로서 조직체들의 집합'이라는 의미가 더 강했다는 점에서 '공동체'의 개념에 방점이 찍혀있었다고 이해하는 것이 타당해 보인다.[9)] 이후 세월이 지나면서 1990년대의 마을공동체는 구성원의 의식과 역량 활성화 정도에 따라 성장과 발전을 거듭해왔다.

김찬동(2012)은 단순한 자생적 모임이라는 수준의 공동체 개념에 장소적 개념과 개인적 역사 및 전통, 가족환경적 특성 등이 덧붙여지면서 공동체가 진화한다고 보았다. 초기의 모임체 수준의 개념에 공

---

8) 마을공동체의 초기 제도화를 선도하는 과정에는 정부 부처의 정책추진이 많은 영향을 미쳤다. 2005년 건설교통부(현. 국토교통부)의 '살고 싶은 도시 만들기 추진방안' 보고와 2006년의 '살고 싶은 도시 만들기 추진계획' 하의 '마을만들기 시범사업', 2007년부터 2년간의 '시범마을' 선정 등이 대표적이다(성균관대학교 산학협력단·(주)이락, 2012).

9) 실제로 마을만들기는 마을공동체, 마을환경, 마을운영이라는 세 가지 목표영역을 가지고 있었지만 커뮤니티 조직체로서의 마을공동체 형성, 마을환경 개선 등에 집중하여 진행되어왔다(성균관대학교 산학협력단·(주)이락, 2012: 22-23)고 평가되고 있다.

동체에 대한 소유의식이 형성되고 소유의식이 발전하면서 '사회통합적 단계'로 발전한다는 것이다. 그는 이러한 마을공동체의 진화 과정을, 마을 구성원의 참여 및 활성화 정도에 따라 아래와 같은 세 단계로 설명하였다(김찬동, 2012; 지남석 · 임병호, 2016: 15).

먼저, 첫 단계이자 가장 초보적인 단계인 '참여활성화 단계'는 구성원들이 공동체에 대한 감성적 결합으로 소속감 및 편안함 등을 갖게 되는 공동체 애착단계에 해당한다고 하였다. '공동체성 구비단계'는 두 번째 단계로, 구성원들은 이 단계에서 공동체를 지속하고자 하는 욕구를 구체적인 사업과 연계시키며 공동체에 대한 자부심과 긍지를 갖게 된다고 하였다. 이 단계의 발달에 필요한 핵심 요소로는 유대감, 호혜성, 응집력 등이 꼽힌다. 셋째 단계는 준(準)주민자치적 단계로, 구성원들의 복리증진이나 생존권을 확보하고 지역가치의 재발견이나 환경개선을 통해 지역경제를 활성화하여 주민의 소득증대를 도모하는 단계에 해당한다. 이 단계의 핵심 요소는 운영체제, 재원, 서비스 공급 등이다. 마지막 넷째 단계는 준(準)단체자치적 단계이다. 이 단계에서는 구성원들만으로 자치가 가능하며, 행정은 지원자로서의 기능만을 수행한다. 이른바 준(準)대의성, 시설공급, 행정권한의 이관 등 핵심 발전 요소가 작동하는 단계이다(김찬동, 2012; 지남석 · 임병호, 2016: 15).

그러나 이러한 공동체의 진화와 성숙만으로 '마을공동체'라는 단어에서 '공동체'만이 아닌 '마을'과 '공동체'의 개념에 동시에 방점이 찍히는 질적 의미의 변화가 선형적으로 나타난다고 보기는 어렵다. 그렇다면 어떠한 의미와 특성이 갖추어질 때 '마을'과 '공동체'가 하나의 단어로 통합되는 개념 정의의 변화가 성취될 수 있을까? 우기동(2014)의 마을에 대한 이해는 이러한 물음에 의미 있는 단초를 제공해주고 있다. 그는 "마을은 일정한 지역사회 안에서 공동의 경험을 바탕으로

'긴밀한 생활관계망을 맺고 있는 포괄적 커뮤니티'"라고 하였다(우기동, 2014: 313). 마을을 이처럼 '공동의 경험을 바탕으로 생활관계망을 맺고 있는 포괄적 커뮤니티(community)로 본다'는 정의 속에는, 마을을 작은 차원에서 큰 차원으로 이어지는 사람들의 네트워크(연결망)가 구성되는 곳이자 그렇게 구축된 결과물로 인식한다는 맥락이 함축되어 있다. 그리고 마을을 이러한 차원에서 인식하게 되면, '마을공동체'의 범위를 비로소 '마을'과 '공동체'를 동시에 포괄하는 사회통합적 개념으로 확장하여 정의할 수 있게 된다.

유창복(2014)과 여관현(2013), 권효림(2015)의 설명은 이러한 포괄적, 사회통합적 마을공동체의 개념을 좀 더 구체적으로 또 현장감 있게 이해할 수 있도록 도와준다. 유창복은 "마을공동체는 개인이 합리적으로 공동체 참여를 '선택'하고, '지지고 볶는 과정'을 함께 견뎌내는 관계"라며 그 과정에서 "처음으로 문제의식과 해결 의지를 가진 이들로부터 목표가 생겨나고, 다른 행위자들이 나타나면서 목표와 계획이 수정되기 때문에 주민이 열 명이면 마을이 열 개"라고 서술하였다(유창복, 2014: 60; 81; 이태동 외, 2017: 45). 여관현은 각각의 개인들은 다수의 생활공간에서 자발적 선택을 통해 네트워크를 형성하고 커뮤니티를 구성할 수 있으며, 복수의 공동체에 속할 수 있다. 나아가 생활환경을 주민들이 스스로 구성하고, 마을공동체를 이루어 가며 공동의 문제를 고민하고 해결해 나가는 과정에 책임감 있게 참여하는 주민들이 생겨나면서 마을공동체가 형성된다고 강조하였다(여관현, 2013: 58). 권효림은 행위자가 여럿일 경우 민주적인 의사소통방식을 제도화함으로써 결속을 증가시키고, 현실적인 공론장이 세워지면, 다중멤버십이 형성됨으로써 '사회적 자본(social capital)'이 축적된다고 하였다(권효림, 2015: 165-176).

지금까지의 논의를 토대로 볼 때 "마을공동체란, 일상의 사회적 공간을 공유하는 이들 간의 상호의존적인 생활관계망이며, 커뮤니티(community)이자 네트워크(network)로서 물리적 제한을 넘어 그 안팎으로 형성된 네트워크까지 포함하며, 사익(私益)에 기반하여 자발적으로 네트워크를 형성하는 실체"라고 정의할 수 있다(최은지 · 이태동, 2017: 42-43).

이러한 정의를 기반으로 마을공동체의 특징을 다음의 몇 가지로 정리해볼 수 있다. 첫째, 마을공동체는 일상의 사회적 공간을 공유하는 사람들이 존재하는 장소이다. 즉, 마을공동체의 구성원들은 일정한 공간을 공유하는데, 그들이 공유하는 공간은 시간을 초월하여 일상생활의 메커니즘이 작동하는 곳이라는 점에서 지역성, 장소성의 의미를 갖는다.

둘째, 공간을 공유하는 사람들이 구성한 마을공동체는 상호의존관계의 생활관계망에 해당하는 네트워크(network)라는 특성을 가진다. 여기서 '상호의존하는 생활관계망'이라는 의미는 경제적 · 사회문화적 공생(共生) 과정에서 형성된 유기적 연결망(네트워크)을 뜻한다고 볼 수 있다.

셋째, 마을공동체의 네트워크는 물리적 제한(경계)을 갖지 않으며, 구성원들은 마을공동체 내부는 물론 외부와의 관계 속에서도 네트워크를 형성한다. 여기서 물리적 경계가 없다는 것은 곧 지리적 공유의 의미가 물리적 제한과는 다른 의미임을 나타내는 것으로, 특히 연결망(네트워크)으로서의 마을공동체는 행정구역 단위와 꼭 일치하지 않음을 말해준다. 실제로 마을이 갖는 '공동체(community)'라는 속성은 같은 우물을 쓴다는 의미의 동(洞)에서 유래하였다(차철욱 외, 2017: 24).

넷째, 마을공동체 구성원들이 형성하는 네트워크는 단순한 친밀감이나 지역적 유대감에 의존하여 형성되는 것이 아니라 구체적이고 현실적인 사익(개인적 · 집단적 필요(needs))을 기반으로, 또 구성원들에 의해

'자발적'으로 형성된다. 김선웅(2006)의 커뮤니티(community)의 요건에 대한 설명은 마을공동체의 이러한 특성을 지지하는 근거로 충분한 의미가 있다. 그는 커뮤니티(community)의 요건으로 지역성(지리적 공유), 공속성(동류의식, 공동의 이해관계), 공생성(상보적 일상생활의 삶)을 꼽았는데, 특히 이 세 가지 요건 중에서 경제적으로 공생적인 생산·유통·소비의 생활권 개념으로 요약되는 공생성을 강조하였다(김선웅, 2006: 456-462). 마을공동체의 구성원들이 자신들의 '필요'를 충족시키기 위해 '자발적으로' 공생성을 추구하는 것이 상호의존적 생활관계망의 핵심적 토대임을 설명해주고 있다.[10)]

4. Village 'Communities'로서 마을공동체

마을공동체는 '마을'만의 개념으로, 또 '공동체'만의 개념으로 정의될 수 없다. '공동체'의 특성과 '마을'의 특성을 동시에 가지고 있기 때문이다. 따라서 마을공동체는 마을 그리고 공동체 각각과 같지 않으며 유사한 용어인 지역공동체, 지역사회, 마을만들기와도 다르다. 이 용어의 개념들을 공통점과 차이점의 차원에서 다음과 같이 비교·정리할 수 있다.

첫째, 마을공동체는 '마을'과 일치하지 않는 개념이다. 마을의 특징을 공유하지만 동시에 '공동체'와 분리할 수 없는 하나의 개념으로 정의되어있기 때문이다. 마을과 마을공동체는 '사람들이 모여 사는 공간'

10) '마을만들기'의 어원인 마치즈쿠리(まちづくり) 운동의 본산지인 일본에서는 예부터 마을을 성립시킨 중요한 요소로 '시장(市場)'을 꼽고 있다. 서로 다른 성격의 사람들이 상품, 정보를 매개로 특정한 장소(행정적 경계가 혼재되어 있는 장소)에 들고나면서 경제적 활동을 한다는 의미의 시장이 마을을 성립시켰다고 보고, 따라서 마을은, 폐쇄적인 촌락과 달리 본래부터 개방적인 특성을 가지고 있다고 하였다(다무라 아키라·장준호·김선직, 2007: 42).

이라는 점에서는 공통적이다. 또, '공동의 경제활동' 혹은 '사적 이익의 필요에 따른 활동'을 한다는 점에서도 유사하다. 이밖에 '공동의 유대 및 소속감'이라는 공동체적 속성을 가지고 있다는 점, 지리적 제한(경계)이 없이 네트워크(사회적 관계망)를 형성한다는 점도 공통점이다. 그러나 '마을'은 오랜 시간에 걸쳐 탄생-성장-쇠퇴-소멸 등의 과정을 겪으며 형성된다는 점, 자생적으로 출현하였다는 점에서 마을공동체와 다소 차이가 있다.

둘째, 마을공동체는 '공동체'의 개념과 동일하지 않다. 공동체는 공동의 유대 및 소속감이라는 공동체적 속성이 마을공동체에 비해 상대적으로 강한 측면이 있다. 공동체의 이러한 속성은 공동체가 다양한 사람들 사이에서 발전될 수 있는 특수한 정신적 결합이라는 요소까지 포함하고 있으며, 특히 '소규모 집단의 친밀한 관계망'이라는 특징에서 비롯됨을 나타낸다. 또, 공동체에 대해서는 '소규모 집단 혹은 조직체'라는 의미가 강조된다는 점에서 마을공동체와 비교해볼 때 그 존재의 구성 과정에 공동의 목표 지향이라는 의도성과 목적성이 상대적으로 더 많이 개입한다는 차이가 있다.

셋째, 마을공동체는 '지역공동체'와 다르다. 공동체의 속성을 갖는다는 점은 공통이지만, 지역공동체는 '지역'이라는 개념이 분명하게 강조되는 용어이기 때문이다. 여기서 '지역'이라 함은, 마을 및 공동체와 달리 지리적, 공간적 제한(경계)으로서 장소의 특정을 뚜렷하게 전제하는 개념이다. 전통적 의미에서 지역공동체는 "지리적으로 한정된 일정한 공간에서 자신들이 거주하고 있는 장소에 대해 상호 간에 사회적, 심리적 유대를 가진 사람들"로 정의된다(김찬동, 2012: 3). 김찬동(2012)은 지역공동체를 "일정한 공간에서 '우리'라는 상호 간의 신뢰와 유대감을 형성하여 서로 상호작용이 이루어지는 주민집단의 단위"라고 하였으며, 이기태 · 하현상(2016) 역시 "지리적으로 일정한 지역 내에서 각 정주(定住)를 단위로 하여 공동의 목표를 가지고 사회적 관계와 심리적 유대를 공유하고 있는 집단"으로 지역공동체를 정의하고 있다. 이러한 점에서 마을공동체는 지역공동체와 구분된다. 앞서 마을공동체의 정의 중, '마을공동체는 지리적 경계 혹은 물리적 제한을 받지 않으며 마을공동체 안팎을 넘나들면서 네트워크를 구축한다'는 점은 지역공동체와의 차이를 잘 설명해주는 대목이다.

넷째, 마을공동체는 '지역사회'와 더 명백히 구분된다. 전자는 지리적 경계의 적용이 미약하지만, 후자는 지리적·물리적 경계를 뚜렷하게 적용받는 개념이다. 또 지역사회는 '사회(society)'라는 개념과 결부되어 있다는 점에서 합리적, 결사체적, 비인격적 유대의 속성이 강한 실체로 정의되고 있다. 이 점은 마을공동체가 친밀성과 인격성에 기반한 공동체적 유대의 속성이 상대적으로 더 강하다는 점에 비추어 볼 때 대조적인 부분이다.

다섯째, 마을공동체는 '마을만들기' 개념과 차이가 있다. 마을만들기의 어원에 해당하는 일본의 '마치즈쿠리'는 일반적으로 '지역공간을 주민들이 스스로 디자인해 나가는 과정'이라고 정의된다. 이러한 정의로 볼 때, 마을만들기는 인위적인 만듦보다 마을의 구성원들이 함께 고민하고 협동을 통해 해결해 나가는 과정에서 마을의 만듦을 지향한다고 볼 수 있다. 마을만들기와 관련한 연구보고들에 따르면 국내의 마을만들기는 마을공동체, 마을환경, 마을운영이라는 세 가지 목표를 가지고 있다(성균관대학교 산학협력단·(주)이락, 2012). 여기서 마을공동체의 구축은 마을의 근간이자 마을만들기 운동이 집중해온 목표 요소 중 하나라는 점을 공유한다. 그러나 앞서 살펴본 마을공동체의 정의 가운데 '자발적 필요에 의한 상호의존적 네트워크 형성'이라는 특징은 마을만들기와 비교해 주요한 차이점이다. 마을만들기가 인위적 만듦을 지향하지 않는다 해도 공익 증진, 민주주의 달성 등과 같은 추상적 거시 목표를 지향하는 마을만들기 운동으로 이어져 시민운동의 영역에 포괄되어 있다는 점을 고려할 때, 이러한 차이점은 분명해진다.

앞서 마을의 정의를 토대로 생각할 때, 마을을 형성하는 요소는 마을 안에서 살아가는 사람들, 자연적 요소와 인공물로 이루어진 환경과 함께 생활 터전의 지속적인 유지라는 요소로 압축할 수 있다. 그러나 마을의 형성은 이러한 공통의 목표와 지향 요소에도 불구하고, 마을의 여건에 따라 달라질 수 있다. 또, 그렇게 형성된 결과물로서의 마을의 모습도 매우 다양하게 출현할 수 있다.

또한, 마을은 영원한 것도 고정불변의 실체도 아니라는 점을 생각해볼 필요가 있다. 인간의 역사만큼이나 긴 시간 동안 수많은 마을의 태동, 성장, 쇠퇴, 소멸이 이어져 왔다. 과거에는 전쟁, 질병, 국가정책 등이 주요 원인이었으나 오늘날에는 대규모 토목공사, 신도시 건설, 고령화 등이 마을을 더 많이 변화시키는 주된 원인이 되고 있다. 그러나 일정한 공간을 점유하는 마을이라는 존재는 유구한 시간을 거치면서 그 공간에 들고나는 사람들을 '주민'이라는 이름으로 정박하게 만든다.

그리고 그 공간을 관통해온 시간의 흐름 속에서 들고나는 다양한 사람들의 반복되는 이동에도 불구하고 마을은 그 존재를 계속 유지해 왔다. 그렇다면 마을을 유지하는 핵심 요인은 도대체 무엇일까? 그것은 바로 '특정 마을의 주민이라고 불리는 사람들'이 상호작용하며 자신들의 이해관계를 끊임없이 조정(합의)해나가면서 서로를 공존(공존)할 수 있도록 만드는 '공동체적 속성'이라고 할 수 있다(성균관대학교 산학협력단 · (주)이락, 2012: 17-18).

그렇다면, 마을의 정체성과 속성은 '마을'을 '마을공동체'로 확장하여 명명할 때 그 의미가 더욱 분명해질 수 있다. 그러면, 매우 다양한 모습으로 구축될 수 있는, 그러나 공동체적 속성을 공유하는 모든 마을들을 어떤 단어로 간명하게 표현할 수 있을까? 필자는 포플린의 저서 『COMMUNITIES-A survey of Theories and Methods of Research』(1979)에서 그 힌트를 얻을 수 있다고 본다.

현장 연구 과정에서 마주치는 마을의 모습은 공동체적 속성이 분명하다는 공통점이 있지만 획일적이거나 단일하지 않으며 매우 다양한 모습으로 분화되어 있다. 마을, 지역, 공동체라는 보편적 특성 하에 마을 각각의 고유성과 독창성을 지닌 복수의 다양한 마을들이 혼재하고 있는 것이 지역사회의 모습이다. 이러한 점에서 보편적 개념의 community로 표현하는 것은 적절하지 않다. 그렇다고 마을이 아주 특수한 모습들만으로 파편화되어 존재한다고 할 수도 없다. 이렇게 볼 때, 개별성을 강조한 the community라고 표현하는 것도 부적절해 보인다. 따라서 공동체적 속성을 분명하게 지닌 다양한 복수의 마을 혹은 지역사회들의 개념을 함축할 수 있는 마을공동체를 'village communities'로 명명하는 것이 적절하다는 게 필자의 견해이다.[11] 이 책에서는 이러한 의미를 적극적으로 수용하며, 따라서 이 책에서 언급하는 마을은 곧 마을공동체(village communities)와 다르지 않음을 밝혀둔다.

11) 이는 단일한 형태의 핵가족이 해체되고 1인 가족, 입양가족, 동거가족 등 다양한 가족의 형태가 출현함에 따라 다양한 형태를 가진, 그러나 가족이라는 경제적 공유, 유대감 등의 속성으로 묶인 집합체를 새로운 가족의 형태로 받아들이기 위해 이전까지 사용하였던 family가 아니라 또 이상화된 특정한 가족(the family)이 아니라 families로 가족의 개념을 재정의한 가족사회학의 논의와 유사하게 이해할 수 있다.

제2장

리빙랩의 등장과 발전

제2장
리빙랩의 등장과 발전

이 장에서는 마을리빙랩을 이해하는 중요한 개념 중 하나인 '리빙랩'에 대해서 알아보고자 한다. 살아 있는 실험실, 일상생활 실험실 등으로 알려진 리빙랩은 2000년대 초반에 미국과 북유럽을 중심으로 등장하여 현재는 세계의 여러 나라로 확산·보급되었다. 이 장에서는 리빙랩이라는 용어의 기원과 등장 그리고 역사적 발전과정을 우선 살펴보고 리빙랩의 특징과 장점, 다양한 참여자(행위자)들의 역할을 알아보고자 한다. 특히, 실험활동의 역사가 길지 않고 현실의 생활세계에 기반하여 활동상이 축적된다는 점 때문에 아직은 취약한 상태에 있는 리빙랩의 개념과 관련하여 국내·외 연구자들의 이론적 정의와 방법론을 소개한다.

1. 리빙랩의 기원과 역사

리빙랩(Living Lab)은 우리말로 '살아 있는 실험실, 일상생활 실험실, 우리 마을 실험실' 등으로 불리고 있다. 그렇다면 '리빙랩'이라는 용어는 언제 등장한 것일까? 여러 문헌 자료들을 종합해볼 대 '리빙랩'이라는 단일한 용어가 공식적으로 쓰이기 시작한 시점은 2006년경으로 확인되고 있다. 리빙랩의 전신인 플레이스 랩 프로젝트를 수행 중이던 미국 MIT 미디어랩 소속의 W. 미첼(Mitchell)이 그 무렵에 유럽에서 열린 '인텔리전트 시티즈(Intelligent Cities)' 프로젝트의 자문그룹에 참여하면서 그 이전까지 유럽에 광범위하게 퍼져있던 사용자(주민) 중심의 일상생활 속 실험활동이라는 개념이 '리빙랩'이라는 용어로 재해석되어 수용되기 시작하였다. 보다 직접적으로는, 2006년에 유럽위원회(EC · European Commission)[12)]가 헬싱키 메니페스토(Helsinki Manifesto)를 주창하면서 리빙랩을 주요 전략으로 채택함에 따라 '리빙랩'이라는 용어의 사용이 공식화되었다(송위진, 2012; 윤찬영, 2018: 8, Robles · Hirvkoski · Schuurman · Stokes, 2015;).

하지만 '리빙랩'이라는 용어의 모태가 등장한 시점은 이보다 앞선 2004년이다. 당시에 인텔社 등과 협업하여 가정 내에 적용할 수 있는 디지털 신기술을 개발 중이던 W. 미첼(Mitchell)은 첨단 정보통신기술(ICTs)에 최적화된 미래의 집을 설계하고자 하우스앤(House_n)이라는 프로젝트그룹을 꾸리고, 1,000평방피트(93㎡)의 아파트를 개조해 ICTs와 센서기술을 이용하여 거주자를 관찰하는 'Open Source Building (Place Lab) 모델'을 설계하고 실험에 착수하였다. 주방과 침실을 포함한 모든 공간과 가전제품에 ICTs가 적용된 거주환경이 구축되었고, 연구자들은 수십 개의 카메라와 센서를 동원해 실험참여자로 모집된 피험자들의 일상을 기록하고 분석하였다. 연구팀은 첨단 ICTs가 적용된 거주환경이 평범한 주거환경과 달리 피험자들의 삶을 얼마나 바꾸게 될지 확인하고자 하였다. 그런데 그 당시 미첼과 연구자들이 이 플레이

12) 유럽위원회(EC · European Commission)는 유럽연합(EU)의 회원국 정부의 상호동의에 의해 5년 임기로 임명되는 위원들로 구성된 독립기구이다. 이 위원회는 유럽연합의 보편적 이익을 대변하는 초국가적 기구인데, EU의 공통정책을 제안하고 공동체의 법령을 발의하는 행정집행기관의 역할을 하고 있다.

스 랩(Place Lab) 모델을 'Live-in Laboratory' 또는 'Living Laboratory'라고 불렀고, 이것이 '리빙랩(Living Lab)'이라는 용어의 기원이 되었다(윤찬영, 2018: 7; 윤일영, 2017: 3).

앞서 용어의 기원에서 언급한 바와 같이 '리빙랩(Living Lab)'이라는 용어가 쓰이기 시작한 시점은 2000년대 초반이다. 하지만 리빙랩과 유사한 실질적 활동이 시작된 역사적 기원은 이보다 훨씬 더 이전으로 거슬러 올라간다. 또, 지역적으로도 미국보다는 유럽에서 이러한 흐름이 먼저 나타났다. 이미 1960~70년대에 북유럽에서는 노동조합의 지원을 받은 노동자 참여 IT어플리케이션 디자인 프로젝트들이 기업체들을 중심으로 다양하게 진행되었다. 이후 IT는 일터를 벗어나 일상생활 속 삶의 영역으로 확장되면서 사용자 중심의 참여, 전문가-공공기관-기업-시민 등의 협력을 강조하는 형태에 이르렀다. 특히, 1980년대에 들어 과학기술자 중심의 실험실을 벗어난 '사회적 실험'의 개념이 등장하고[13] 1990년대에 이르러서는 유럽을 시작으로 '디지털 시티(Digital City)'의 디자인 흐름이 급속히 전개되면서 최근의 '스마트 시티(Smart City)' 패러다임으로까지 이어지고 있다(Robles · Hirvkoski · Schuurman · Stokes, 2015; 윤찬영, 2018: 7).

이처럼 리빙랩의 확산은 유럽, 특히 핀란드와 스웨덴에서 초기의

---

13) 넓은 의미에서 '과학기술 민주화'의 범주에 포괄할 수 있는 이러한 인식의 변화는, 1960년대~70년대 이전까지 신봉되어온 과학주의(scientism) 및 기술결정론(technological determinism)에 대한 과학기술계 안팎의 성찰과 비판에 배경을 두고 있다. 이와 관련한 대표 사례로는 1960년대 말 네덜란드 위트레히트 대학에 처음 만들어진 과학상점(Science Shop)을 들 수 있다. 과학상점은 과학기술의 혜택으로부터 상대적으로 소외된 시민들을 대학의 연구자들과 연결시켜 연구와 자문을 받을 수 있게 하는 기구로 등장하였다. 이후 북유럽 일대로 확산되었고 1990년대에는 동유럽 국가들뿐만 아니라 이스라엘, 멕시코, 남아공, 탄자니아, 태국, 말레이시아 등 제3세계 국가들에까지 이를 확산하기 위한 교류가 이어지기도 하였다. 미국에는 이와 비슷한 기능의 지역연구센터(Community-based Research Center)가 있다(김환석, 1999: 13-41; 김병윤, 1999: 349-366). 또, 당시에 이와 유사한 흐름은 북유럽 이외의 지역에서도 다양하게 나타났다. 대표적으로는 영국 루카스에어로스페이스 노동자들의 루카스플랜, 프랑스 엔지니어 그룹의 운동 등을 들 수 있다(송성수, 1995; 이영희, 2000).

리빙랩이 형성된 후 2006년 유럽위원회의 헬싱키 메니페스토(Helsinki Manifesto)를 계기로 유럽 전반에, 그 이후 전 세계로 퍼져나갔다. 2015년 현재, 세계적으로 약 355개의 리빙랩이 존재하는 것으로 알려져 있는데 그 가운데 80%가 유럽에 있다. 유럽에서 리빙랩 활동이 이처럼 활성화되고 있는 이유는 EU 차원에서 이를 적극적으로 장려하고 있기 때문이다. 특히, 2006년에 설립된 리빙랩공동체 ENoLL(European Network of Living Labs)은 지식공유, 공통의 방법론 및 툴 개발 촉진을 위한 협력 플랫폼 역할을 수행하고 있다. ENoLL은 처음에 19개의 리빙랩으로 출발했지만 2010년에 93개의 리빙랩이 참여하게 되었으며 2015년 현재 333개에 이르고 있다. 국가별로는 스페인(60개), 프랑스(51개), 이탈리아(28개), 포르투칼(17개), 핀란드(16개), 독일(13개), 브라질(12개), 스웨덴(10개) 등이며 브라질, 대만, 남아프리카 등으로 확산세가 이어졌다(성지은 · 송위진 · 박인용, 2013; Schuurmann, 2015: 156; 정병걸, 2017: 51-52).

최근 들어 유럽은 'Europe 2020'의 디지털 의제 중 하나인 '연구 및 혁신'을 위한 전략으로 '개방형 혁신(Open Innovation) 2.0'을 추진하였는데, 이 전략의 핵심 중 하나로 이용자를 혁신 주체로 참여시키는 4중 나선 모형(Quadruple Helix Model)으로의 전환을 도모하였고 그 대표적 수단이 리빙랩이었다(Robles · Hirvkoski · Schuurmann · Stokes, 2015; 윤찬영, 2018: 7; 정병걸, 2017: 45; Curley & Salmelin, 2013; 김희연, 2015). 이렇게 볼 때 리빙랩의 기원과 발전 및 확산은 유럽을 시작으로, 그리고 EU의 주도로 이루어졌다고 할 수 있다.

그렇다면 국내의 리빙랩은 언제부터 등장하였을까? 국내의 리빙랩 연구의 기원은 2000년대 들어 과학기술정책연구원(STEPI)을 중심으로 시작되었는데, 이는 MIT의 W. 미첼이 플레이스 랩(Place Lab) 프로젝트에 착수한 시점과 거의 같다. 그러나 실제 리빙랩 사업은 2013년부터 추진되었다(성지은 · 송위진 · 정병걸 외, 2017: 4). 하지만 초기 실행단계임에도 불구하고 우리나라의 리빙랩 연구와 실험은 많은 성과를 달성해왔다. 2017년 현재 지자체, 연구기관, 기업, 사용자 등이 주도하여 진행한 추진 주체별 리빙랩 사례만도 14건에 이르고 있다(성지은 · 송위진 · 정병걸 외, 2017: 5; 2017: 73). 그러나 개별적인 세부사업과 소규모 리빙랩 및 유사 사례 등을 포함하게 되면 국내의 리빙랩 연구 활동은 지속적인 확장일로를 걸어왔다고 말할 수 있다.14)

후발주자임에도 불구하고 국내의 리빙랩과 관련한 연구와 실험활동은 급속하게 확장되고 있다. 그렇다면 국내에서 리빙랩이 이처럼 빠르게 확산한 배경은 무엇일까? 그 주요한 배경은 일차적으로 사용자, 현장, 상향식(bottom-up), 민-관-산-학 협력 등으로 간추릴 수 있는 전(全)세계적인 R&D의 새로운 패러다임과 관련이 깊다. 하지만 우리나라의 경우, 유럽 및 미국 등과 달리 지역혁신, 사회문제 해결, 수요자 중심의 공공서비스 제공 등을 지향하는 지자체와 주요 부처들의 적극적인 정책적 시도가 직접적인 계기를 제공했다고 볼 수 있다.

실제로 우리나라에는 산업통상자원부, 과학기술정보통신부 등에 의해 기술혁신 또는 산업혁신의 개념으로 리빙랩 활동이 도입되기 시작하였다. 그 결과 ICTs, 디지털, 과학기술 분야를 중심으로 리빙랩 개념이 적용되면서 주로 스마트 시티(Smart City) 등과 관련된 기술적 실증사업으로 진행되어왔다. 현재 리빙랩과 관련된 국내의 조직으로는 한국리빙랩네트워크, 대학리빙랩네트워크 등이 있으며 지역단위의 네트워크 조직으로 부산리빙랩네트워크, 대구리빙랩네트워크, 광주리빙랩네트워크, 전북리빙랩네트워크, 대전리빙랩네트워크, 하남리빙랩네트워크 등이 출범하여 활동 중이다.

---

14) 국내외의 다양한 수요 리빙랩 사례에 관한 상세한 자료는 성지은 · 송위진 · 박인용(2013), 성지은 · 송위진 · 정병걸 외(2017: 14-15; 73) 등을 참조할 것.

한편, 현재까지 국내의 리빙랩 관련 연구와 실험은 괄목할만한 성과를 거두는 과정에서 아쉽게도 지엽적이고 단기적인 실험 중심의 접근, 표면적으로 드러나 있는 문제 중심으로 치우치는 경향을 드러내왔다. 그 결과 단발성 리빙랩 실험 사례 등이 누적되면서 현재까지는 리빙랩의 보다 큰 지향점인 사회혁신 드라이브로 이어지지 못하고 있다. 이러한 흐름은 성과 도출 및 과학기술 적용 등과 같은 목표중심적 접근, 국지적 수요 및 상황에 초점을 둔 문제 중심의 접근 등 현재 보편화되어있는 리빙랩의 실행과정과 방법 등의 흐름에서 기인하는 것으로 판단된다(정병걸, 2017: 56-64; 박혜경, 2019). 그러나 현재 시점의 이러한 상황은 리빙랩 실행의 짧은 기원과 무관하지 않을뿐더러 새로운 혁신적 패러다임의 실행과정 중에 불가피하고도 일반적으로 나타나는 현상이라고 할 수 있다.

2. 리빙랩의 이론적 정의

지금까지 리빙랩이라는 용어의 기원, 역사적 발전과정 등에 대해 살펴보았다. 그렇다면 리빙랩을 무엇이라고 정의할 수 있을까? 리빙랩은 일상생활과 현실 세계를 중심으로 진행되는 실험활동이라는 특성 덕에 그 역사가 길지 않음에도 불구하고 전(全) 세계적으로 매우 많은 사례들을 출현시켰다. 하지만 이러한 특성은 역설적으로 리빙랩에 대한 정의(definition)를 간명하게 규정하기 어렵게 만든다. 또, 이론적 정의의 토대가 현장 연구에 있다는 점은 리빙랩의 개념을 단일한 카테고리에 묶을 수 없도록 만드는 난점이 되고 있다.[15)]

15) S. 레미넌(Leminen)은 리빙랩이라는 용어가 혁신 영역에서 유행어가 될 위험에 처해 있다고 보았는데, 그 이유는 일관성 혹은 일치된 상태로 공유된 정의가 결여되어 있기 때문이라고 하였다. 그는 정말로 매우 광범위하고 다양한 활동들이 리빙랩이라는

리빙랩의 정의는 현재 시점에서만 적어도 70개 이상으로 언급되고 있다(Leminen, 2015b: 15). 그러나 리빙랩의 본향인 북유럽의 주요 연구자 M. 웨스터런드(Westerlund)와 S. 레미넌(Leminen)은 '리빙랩'을 "기업, 공공기관, 대학, 사용자 및 기타 이해관계자들이 창조를 위해 협력하고, 프로토타이핑(시제품제작화), 검증하고 실생활(real-life)의 맥락에서 신기술, 서비스, 상품, 시스템을 테스트하기 위해 모두 공동협력하는(collaborating)하는 '공공-민간-시민 간의 파트너십(public-private-people partnerships(4Ps))'의 이해관계자 간 형태를 가지고 있는 물리적 지역, 가상 현실, 상호작용의 공간"(Leminen, 2013; Westerlund & Leminen, 2011)이라고 정의한다(Westerlund & Leminen, 2011; Leminen, 2015a). 이렇게 정의할 경우 리빙랩은 공동체(communities)에 의해서 활용되고, 혁신(innovation)을 위해서 사용되는 실체로서, 일종의 '혁신 플랫폼'의 의미를 지닌다.

또, 어떤 정의에서는 사용자 관여와 사용자 혁신을 강조하지만, 또 다른 정의에서는 복수 행위자와 개방형 혁신을 강조하는 대조를 보이기도 한다. 그러나 이러한 다양한 이해에도 불구하고 리빙랩의 핵심 구성요소는 다수의 이해관계자, 사용자 참여, 실생활 상황에서의 실험 등으로 요약되며 공동창조(co-creation), 탐사(exploration), 실험(experimentation), 평가(evaluation) 등은 리빙랩의 핵심 활동으로 제시되고 있다(Westerlund & Leminen, 2011: 21). 가장 간략하게는 "리빙랩은 다양한 참여자들이 실험활동에 참여하고 연계를 형성하는, 새롭게 등장하는 '개방형 혁신 네트워크(open innovation network)'"(Leminen, 2015a; 32)라고 정의되고 있다.

리빙랩의 개념을 실험 및 연구 활동의 수준에 따라 구분하여 분석

이름 아래 수행되고 있고, 서로 다른 많은 방법론과 연구조사가 형성되고 있다고 보았다. 하지만 리빙랩에 대한 앞으로의 전망은 하나의 공통된 정의에 도달하는 것보다, 리빙랩이 가지고 있는 공통의 특성과 유형들을 이해함으로써 얻어질 수 있음을 강조하였다(Leminen, 2015a: 29).

모델을 제시한 연구도 있다. 슈만(Schuurmann, 2015)은 리빙랩을 분석수준에 따라 거시, 중범위, 미시로 구분하는 리빙랩 3계층 모델(three-layered model)을 제시하였다. 먼저, 미시수준(micro level)의 리빙랩은, 개별적인 하나의 리빙랩 프로젝트 내에서 수행되는 연구 활동을 지칭한다. 이 단계의 리빙랩은 대개 사용자 주도의 통찰력이, 개발과 암묵적인 영역별 지식이 표면화될 수 있도록 돕는 구체적 리빙랩 방법론을 구성한다고 보는 것이다.

다음으로 중범위 수준(meso level)의 리빙랩은, 리빙랩 집합체 내에서 수행되는 복수의 리빙랩 프로젝트들을 의미한다. 거시수준의 리빙랩과 미시수준의 리빙랩 등 두 수준의 리빙랩은 공동창조(co-creation)를 통해 중범위 수준의 리빙랩으로 연결된다고 본다.

마지막으로 거시수준(macro level)의 리빙랩은 민 · 산 · 관 협력에 참여하는 행위자 또는 인프라(infrastructure)로 구성된 일단의 리빙랩 집합체(constellation)를 뜻한다. 즉, 리빙랩 연구 및 프로젝트 수행을 위해 조직된, 일명 4P로 불리는 민 · 산 · 관 협력체(Public-Private-People Partnership, PPPP)가 곧 거시적 리빙랩에 해당한다. 거시적 수준의 리빙랩에서는, 프로젝트를 수행하기 위해 조직화된 다양한 행위자 간의 협력과 공동작업(collaboration)이 이루어진다. 슈만은 이러한 거시적 수준의 리빙랩을, 개방형 혁신 개념을 활용해 분석할 수 있다고 보았다(Schuurmann, 2015: 184-185; 정병걸, 2017: 49; 성지은 · 송위진 · 정병걸 외, 2017: 20).

미시적 차원에서 리빙랩을 보게 되면 대부분의 리빙랩은 소수의 개별 프로젝트를 수행하는 실험활동에 불과하다. 하지만 개별적인 미시수준의 단일한 리빙랩에서 이루어지는 혁신적 실험과 활동이, 또 다른 단일 리빙랩의 실험 및 혁신과 연결되면 중범위 수준의 리빙랩 단계로 이행하게 된다. 특히 중범위 단계에 이른 복수의 리빙랩 프로젝트

연결망이 더 큰 차원으로 맥락화하는 경우에는 질적 전화(轉化)가 일어날 수 있다. 리빙랩 간의 지식 이전과 맥락화 전후 과정의 새로운 리빙랩 체계의 형성을 통해 거대한 혁신생태계나 사회혁신시스템으로 발전할 수 있는 것이다.

국내 연구진에 따르면, 리빙랩은 “특정 지역이나 공간에서 공공연구부문, 민간 기업, 시민사회가 협력해 혁신활동을 수행하는 ‘사용자 주도형’, ‘개방형’ 혁신생태계”로 정의되고 있다. 또, 유럽위원회의 정의에 기반하여, ‘사용자가 적극적으로 혁신활동에 참여가 가능한 사용자 주도 개방형 혁신생태계’로 요약한다. 부연하여 생활현장에서 사용자와 생산자가 공동으로 혁신을 만들어가는 실험실을 의미하며, 혁신주체 간 상호작용을 촉진하고 그 결과가 모두에게 이득이 되는 개방형 혁신 네트워크의 대안적 모델이라는 개념을 덧붙이고 있다(송위진 · 성지은, 2013: 113; 성지은 · 송위진 · 박인용, 2013: 10; 임호, 2016).

리빙랩(Living Lab)은 국내 · 외에서 2000년대 중반 이후 활성화된 신생의 학제 간 연구 분야라고 할 수 있다. 따라서 아직 이론적 · 방법론적 토대가 충분히 소개되어 있지 않은 연구 영역에 머물고 있으며, 이러한 점 때문에 이 분야의 연구자들에게 나침반 없이 항해하는 것과 유사한 어려움을 주고 있다. 또, 과학기술과 사회의 교차지점에 놓여있는 리빙랩의 본질적 특성은 단일한 학문 분야의 이론이나 솔루션을 적용하여 연구를 수행하는 과정에 근본적인 한계를 제공하고 있다.

하지만 리빙랩은, ‘우리 마을 실험실’, ‘일상생활 실험실’ 등과 같은 개념에 기반하고 있다는 점에서 실험 및 연구 과정에서 현장성 · 지역성 · 자치성 · 거버넌스 등이 강조되는 활동으로서 중요한 의미가 있다. 또, 이러한 점 때문에 행정학, 정책학 등의 분야와도 연관되어 있다. 그 결과 이처럼 다(多)학제적인 리빙랩의 특성은, 흥미로운 많은 리빙랩 연구들이 학문적 영역을 초월하여 다양하게 확장하는 계기를 제공하였다. 아울러, 리빙랩 실험과정을 통해 과학기술 전문가, 인문·사회학자, 시민, 정책기관 및 지방정부 등이 실질적인 거버넌스(goverance)를 경험하고 자치역량을 제고할 수 있는 기회를 얻도록 이끌고 있다.

3. 리빙랩의 특징과 행위자

이미 살펴본 바와 같이, 리빙랩은 국내·외에서 2000년대 중반 이후 등장한 용어이자 신개념이다. 따라서 현재까지 이론적·방법론적 토대가 충분히 정립되어 있다고 보기는 어렵다. 하지만 앞서 살펴본 리빙랩의 기원, 역사적 발전과정, 이론적 정의 등을 종합해보면 리빙랩의 고유한 특징과 장점(유익)을 일정한 정도로 분명하게 규정할 수 있으며 이를 통해 리빙랩의 이론적·방법론적 특징을 이해할 수 있다. 또한, '새로운 개방형 혁신 네트워크'로 정의되는 리빙랩의 유익을 성취하기 위해 리빙랩에 참여하는 서로 다른 이해관계자들은 행위자로서 어떠한 역할(role)을 수행해야 하는지 생각해볼 수 있다.

1) 리빙랩의 특징

현재 세계에서 가장 권위 있는 리빙랩 네트워크 조직인 ENoLL은, 리빙랩이 고유의 특성을 담보할 수 있는 토대로 다섯 가지의 필수요소를 제안한 바 있다. 능동적 사용자 참여, 실생활 배경, 다수의 이해관계자 참여, 복합적인 방법론적 접근, 공동창조의 과정 등이 바로 그것이다. 이 다섯 가지 필수요소의 구체적인 내용은 다음과 같다(ENoLL, 2015).

첫째, 능동적인 사용자의 참여(active user involvement)이다. 리빙랩의 가장 큰 특징은 혁신의 결과물을 누리는 사용자들이 혁신 과정에 직접적으로 참여한다는 데 있다. 이것은 사용자들이 혁신의 전체 과정에 영향력을 행사할 권리를 갖는다는 것을 의미한다.

둘째, 실생활 배경(real-life setting)의 요소이다. 이 요소는, 리빙랩은 반드시 삶의 현장 속에서 진행되어야 한다는 것을 말한다. 즉, 혁신은 연구실이나 대학이 아니라 사람들의 일상생활과 삶의 터전(공간)인 현장 속에서 다양한 실험이 진행됨으로써 그 가치가 확인될 수 있다고 보는 것이다.

셋째, 다수 이해관계자 참여(multi-stakeholder participation)를 강조한다. 이 요소는 리빙랩의 진행 과정에 직·간접적으로 관련된 사람들 모두가 혁신의 과정에 참여할 수 있다는 것을 의미한다. 다시 말해, 일반인(시민)들을 정부나 전문가 집단이 도울 수 있고, 신기술을 활용한다면 그 기술의 공급자나 기술자, 기술서비스 제공자, 공학자, 엔지니어 등도 참여하게 된다는 점이다.

넷째, 복합적이고 다양한 방법론적 접근(multi-method approach)도 리빙랩의 필수요소로 언급되었다. 리빙랩은 실험 및 솔루션을 채용하는 과정에서 특정한 하나의 방법론에 국한되지 않고 다양한 방법론적 접근을 해야 한다는 것이다. 다시 말해, 문제의 해결 방법을 모색하고 혁신을 이루는 과정에서 필요한 방법론이라면 무엇이든 다 동원해 쓸 수 있다고 제안한다. 학술적 영역에서도 공학, 경영학, 민속지학, 심리학, 사회학, 행정학, 정책학 등 다학제적 영역의 참여와 방법론적 접근이 필요하다는 본다.

다섯째, 공동창조의 과정(co-creation process)이 필수적이라고 본다. 이는 리빙랩의 전체 사이클이 종료되거나 다시 반복되는 어느 경우에라도, 그때마다 리빙랩에 참여하는 생산자(연구개발자)와 사용자(수요자, 주민)는 그 창조적 혁신 과정에 공동작업과 협업 등을 통해 동시에 함께 참여하고 기여하는 것이 요구된다는 의미이다.

해외 연구자들이 소개하는 리빙랩의 특징도 이와 다르지 않다. 리빙랩의 선도지역인 북유럽의 리빙랩 연구자 M. 웨스터런드(Westerlund)와 S. 레미넌(Leminen)은 리빙랩이 매우 다양하게 이해되고 있음을 발견한 바 있다. 그 내용은 △지역적 체계(a regional system) △혁신체계(a innovation system) △생태계(a ecosystem) △네트워크(a network) △연합적(협동적) 접근(a combined approach) △내장된 기술과 사용자를 포함하고 있는 환경(an environment with embedded technologies and users) △맥락(사회·문화적 환경)과 방법론(a context or a methodology) △농촌 혁신과 같은 공공 및 사용자 참여의 향상 또는 구현(an enhancement or implementation of public and user involvement, such as for rural innovations) △상품, 서비스, 시스템을 위한 발전된 프로젝트(a development project for products, services, and systems) △사업 활동 및 운영 방식(a business activity and operational mode) △혁신 관리 도구(an innovation management tool) 등에 이르고 있다(Westerlund & Leminen, 2014; Leminen, 2015a: 29).

S. 레미넌(Leminen)은 이러한 이해들에 기반하여 리빙랩의 주요한 특징 7가지를 강조하고 있다. 첫째, 리빙랩의 혁신활동은 **실생활 환경**(real-life environments)에서 발생한다. 둘째, 리빙랩의 **'공공-민간-시민 간의 파트너십(public-private-people partnerships(4Ps)**은 기업, 연구자, 공공기관, 사용자들을 모두 포함하는 '참여'에 의해 형성된다. 셋째, 리빙랩에서는 시민과 고객을 포함하는 **사용자의 중요성**이 강조된다. 넷째, 리빙랩은 테스트베드, 현장의 (품질, 성능)시험, 여타 혁신과 **다른 형태**이다. 이 형태의 혁신은 기업 내부 R&D보다는 발전된 형태이지만 시범사업(pilot projects) 등에서 발견되는 것보다는 덜 발전된 것이다. 다섯째, 리빙랩에는 **다수의 이해관계자**(Multiple stakeholders)

가 고용(업무적 연관)된다. 여섯째, 리빙랩에 참여하는 이해관계자들에 의해 **다중의 역할들**이 추구된다. 일곱째, 이해관계자 간의 **협업(collaboration)**은 개방적 혁신(open innovation)의 원리를 가지고 있는 리빙랩의 본질적 특성이다(Leminen, 2015a: 29-30).

국내에 리빙랩을 처음 소개하고 다양한 정책적 제안을 해온 과학기술정책연구원(STEPI)의 주요 연구진도 ENoLL의 개념과 유사하게 리빙랩의 특징들을 언급하고 있다. 이들이 제시하는 리빙랩의 특징은 사용자 주도형 혁신, 다양한 주체의 참여가 권장되는 개방형 혁신, 생활세계에서의 혁신, 4P(Public-Private-People Partnership)기반의 혁신체계, 미래를 구성해나가는 실험적 학습 공간 등이다(송위진, 2012; 성지은 · 송위진 · 정병걸 외, 2017; 윤찬영, 2019: 5). 리빙랩 관련 분야의 여타 연구자들 중에는 여기에 조금 더 확장된 개념의 특징을 덧붙이기도 한다. 이들은 개방형 혁신(Open Innovation)을 통한 공동창조(Co-creation), 사용자 중심 · 현장 중심이라는 주요 특징 외에 지역문제 해결, 지속가능한 이슈에 대한 유연한 대응, 과학기술 · ICTs · 디지털 테크놀로지 · 데이터 기술 · 디자인 연계 등과 같은 특징을 더 제시하고 있다(임호, 2015: 5; 윤일영, 2017: 4).

이와 달리 우리나라 중앙정부 산하의 과학기술정보통신부, 산업부 등은 2014년부터 새로운 R&D 사업의 일환으로 리빙랩을 추진하면서 '사회문제 해결형 연구개발사업'에 초점을 두었다. 당시 주요 중앙부처의 리빙랩 도입은 기술 중심, 연구개발자 중심, 하향식의 기존 R&D 사업과 달리 지역개발의 맥락에서 사회문제 해결, 주민 중심, 현장 중심의 리빙랩을 지향하였다. 특히, 행정안전부는 지역사회의 혁신을 도모하는 리빙랩을 '주민참여 리빙랩'으로 명명하거나 공공성을 강조하며 '소셜 리빙랩(social living lab)'이라고 지칭하기도 하였는데, 이 과정에서 리빙랩의 특성으로 지역성, 개방성, 주도성 및 책임성, 실험성 등이 추가되었다[16](성지은 · 송위진 · 정병걸 외, 2017: 4-19; 행정안전부, 2019). 이렇게 볼 때, 리빙랩은 리빙랩 고유의 특성에 기반한 ENoLL의 필수요소를 토대로 실생활에서, 사용자 중심으로, 다양한 주체들의 공동창조 과정을 거치면서, 실험공간이라는 현장(지역성)의 요소까지 덧입혀지면서 해를 거듭할수록 그 특성이 확장 · 심화되는 역동적 상황에 놓여있다고 판단된다.

지금까지 살펴본 내용을 토대로, 리빙랩의 필수요소와 특징을 정리하면 다음의 열 가지로 요약할 수 있다. 첫째, 리빙랩은 다양한 주체들의 참여가 권장되는 개방형 혁신체계이다. 둘째, 리빙랩은 수요자의 니즈(needs)를 고려한 사용자 중심의 혁신체계이다. 셋째, 리빙랩은 실생활(현장) 중심의 과학기술연계체계이다. 넷째, 정부-기업-연구소-시민의 공동창조의 과정이다. 다섯째, 과학기술 · ICTs · 디지털 기술 · 데이터 기술 · 디자인 등과 연계된 혁신체계이다. 여섯째, 실험 대상의 특수한 지역성이 강조된다. 일곱째, 다양한 시도와 유연한 대응 및 시행착오와 같은 실험성이 용인 · 권장된다. 여덟째, 공공성에 기반한 사회문제의 해결과 관련된다. 아홉째, 복합적 솔루션과 다(多)학제적인 접근 등 다양한 방법론이 요구된다. 열째, 주민들의 주도성 및 책임성이 강조되는 시민 자치역량과 연관된다.

16) 행정안전부가 주민참여 리빙랩을 내세우며 제시한 리빙랩의 네 가지 특징 중 첫 번째인 '지역성'은, 리빙랩의 적용은 적용 대상인 지역만이 가지고 있는 특수한 문제에 대응해야 한다는 의미를 강조하는 개념이다. 둘째로 '개방성'은 리빙랩 적용 대상 지역의 주민이라면 누구나 그 지역의 문제를 해결하는데 참여할 수 있다는 점을 강조한다. 셋째, '주도성 및 책임성'은 해당 지역의 주민들은 행정의 대상이 아니라 행정의 주체자로서 리빙랩 사업을 주도적으로 실행하고 그 결과와 관련해서도 책임성을 갖는다는 것을 의미한다. 넷째, 행안부가 특별히 강조한 '실험성'은 리빙랩의 설계 및 계획, 실행, 결과 등에 있어서 다양한 시험적 시도를 권장할 뿐만 아니라 그 과정에서 발생하는 모든 시행착오를 용인한다는 의미를 포함하는 것이다(행정안전부, 2019).

2) 리빙랩의 행위자와 역할

리빙랩에는 혁신활동의 결과물인 상품 및 서비스 등과 관련하여 사용자(시민, 소비자 등), 공급자(개발자, 제공자 등), 연구자(연구기관, 지원기관 등) 등 다양한 행위자들이 참여한다. 그런데 이들은 서로 이해관계가 다른 주체들이다. 그럼에도 불구하고 이들은 리빙랩에 공동으로 참여하며, 또한 이들의 공동참여에 따른 리빙랩의 장점은 매우 다양하게 제시되고 있다. 어떻게 그러한 결과가 가능한 것일까? 또, 실제로 어떠한 장점들이 있을까?

먼저, 이질성이 뚜렷한 이해관계자들의 참여로 오히려 혁신이 가능하다는 장점을 꼽을 수 있다. 이것은 '다양한' 이해관계자들의 '참여'로 역설적인 결과가 발생함을 의미한다. 리빙랩은 '공공-민간-시민 간의 파트너십(public-private-people partnerships(4Ps)과 다수의 이해관계자(Multiple stakeholders)가 업무적으로 연관되는 활동인데, 이해관계가 상이한 행위자들이 참여하는 이질성의 강화로 혁신의 가능성이 높아진다는 것이다. 즉, 다양한 관점의 반영으로 현실성과 사회적 수용성이 높은 혁신제품과 서비스 개발이 가능하다고 보는 것이다(성지은 · 송위진 · 정병걸 외, 2017: 26).

다음으로, 다양한 이해관계자들은 서로에게 유익한 영향력을 행사하고 이익을 상호 조정함으로써 협업과 공동작업을 통해 오히려 각자의 이익을 극대화할 수 있다는 장점이 있다. 이해 관심사가 상이한 주체들이 협업과 공동창조에 함께 참여하게 되는 이유는 무엇일까? 다수의 연구자들은, 다양한 이해관계자들이 리빙랩에 참여함으로써 행위자로서 각 주체가 여러 가지 유익 혹은 이득(benefits)을 얻을 수 있기 때문이라고 보고하고 있다.

S. 레미넌(Leminen)에 따르면 '혁신'활동에서 리빙랩을 활용한 접근은 기업, 사용자, 개발자, 공적 주체들에게 '공히' 유익을 제공한다. 기

업은 최종 소비자 데이터와 사용자 경험에 비용-편익(효용) 접근을 통해 이익을 얻는다. 그들은 또한 사용자들의 피드백을 토대로 개발과정에서 조기에 상품들을 변경할 수 있다. 장기적으로 보아도, 리빙랩 활동은 고객과 기업 그리고 그들의 활동을 묶어준다.

사용자들은 리빙랩 활동을 통해 상품개발에 영향을 미칠 기회를 얻는다. 그들은 또 자신들의 일상에 영향을 주는 문제들이나 해결할 수 없는 또 다른 문제들을 해결하는 많은 사례들을 접하면서 보다 발전된 해결책들을 얻는 이득을 누린다. 사용자들은 또한, (기업 및 개발자들과의) 공동창조(co-creative)의 개발과정을 경험하게 됨에 따라 더 새로운, 더 많은 기능들을 가지고 있는 사용자 주도형 상품들을 인지할 수 있을 것이다.

리빙랩은 또한, 개발자들의 핵심 활동들에 기여한다. 개발자들은 사용자들의 문제에 대한 실제 생활세계에서의 해결책을 발전시킬 수 있는 기회, 자원, 역량 등의 영역에서 이익을 얻는다. 그리고 궁극적으로 정부, 지지체 등 공적 이해관계자들은 그들의 목표를 지지하는 활동과 결과물로부터 이익을 취하게 된다(Leminen, 2015a: 30).

종합하면, 사용자는 혁신 능력의 함양, 혁신 과정에 대한 영향력 행사, 혁신 결과의 효과적 활용 등의 유익을 누린다. 공급자와 연구자도 리빙랩 참여를 통해 사용자 경험의 활용과 새로운 영역에 대한 실험, 개발 상품 및 서비스에 대한 피드백 등 다양한 유익을 얻게 된다(이홍규 외, 2016: 48). 공적 주체들 역시 정책적 목표의 지지 근거가 될 활동과 결과물을 얻게 된다. 리빙랩 참여로 다수의 이해관계자들이 얻을 수 있는 유익과 장점은 〈표 2-1〉과 같다.

〈표 2-1〉 리빙랩 참여에 따른 이해관계자별 유익과 장점

이해관계자	리빙랩 참여로부터 얻는 이익
사용자(시민, 소비자 등)	· 단순한 수용자 입장에서 벗어나 혁신활동에 활발하게 참여할 수 있는 능력 함양 · 혁신 개발에 대한 영향력 향상 · 개발된 혁신 결과를 보다 효과적으로 활용 가능
공급자(개발자, 제공자 등)	· 사용자 경험 활용 용이 · 타 기업과의 협력 용이 · 혁신 개발을 위한 아이디어 개발, 활용, 실용화 작업의 효율성과 효과성 향상
연구자(연구기관, 지원기관 등)	· 리빙랩 참여자들의 협력을 바탕으로 새로운 영역에 대한 실험에 도전 가능

*자료: 이홍규, 2016: 48; 성지은.송위진.정병걸 외, 2017: 27.

그렇다면 리빙랩의 이처럼 다양한 유익과 이득, 장점은 어떻게 성취될 수 있을까? 특히, 이해 관심사(interests)가 서로 다른 다양한 참여자들이 개방형 혁신 네트워크인 리빙랩 활동에 함께 참여할 때, 참여자들 모두가 갈등과 충돌 없이 각자의 이익을 달성하는 것이 과연 가능할까? 이러한 의구심에 대해 M. 웨스터런드와 S. 레미넌은 "다수의 서로 다른 이해관계자들은 실생활 환경의 혁신 활동 속에서 분명 서로 뒤엉켜 있지만, 리빙랩 참여자들이 행위자로서 갖게 되는 '변화된 역할들(roles)'은 혁신에 대한 리빙랩 방식이 가져올 이익을 더 극대화할 수 있을 것"이라고 강조한다(Westerlund & Leminen, 2011; Leminen, 2015a: 32).

〈표 2-2〉는 전통적인 프로젝트와 리빙랩 접근방식의 차이점을 주요한 몇 가지 항목을 중심으로 비교한 것이다. 이 표에 따르면 전통적 프로젝트와 리빙랩 방식의 접근은 목적, 통제와 조정의 핵심, 자원과 역량 및 연구 방법 등 여러 항목에서 모두 대조적인 차이를 보인다.

〈표 2-2〉 전통적 프로젝트 모델과 리빙랩 모델의 차이

구분	전통적 프로젝트	리빙랩
목적	사전에 정의된 프로젝트 목적(목표)을 성취의 타깃으로 삼음	정의되지 않은 목적을 성취의 타깃으로 삼음; 최종 목표는 사용자(users)의 니즈(needs)에 따라 변화함
프로젝트 관리자의 역할	자원(resources)에 대한 관리와 통제	자기 자신의 자원에 대한 관리와 통제
통제의 핵심	조정(adjustment)의 핵심은 사전에 정의된 프로젝트의 계획(plan)에 따름	조정은 유연할 수 있음; 극단의 경우에, 조정들(adjustments)은 심지어 매일 만들어질 수 있음
사용자와 사용자커뮤니티의 역할	사용자들은 상품 및 서비스의 테스트와 검증을 위한 대상임	프로젝트 수행에서, 프로젝트 책임자(관리자)와 사용자는 동등하고 적극적인 참여자들임; 그들은 상품과 서비스의 공동창조자(co-creators)임
자원과 역량	프로젝트의 자원들(resources)은 효율적으로 사용되는데, 이 자원들은 네트워크로부터 얻은 자원들을 포함함	재조정 및 재정의는 다음 단계에서 진행됨; 리빙랩 네트워크와 커뮤니티에서 얻은 다른 지식의 유형들을 통합하는 유연성이 리빙랩 접근의 자원과 역량임
도구	프로젝트 관리 도구 및 방법	촉진적인(facilitative) 방법 및 그룹 작업 도구

*자료: Westerlund & Leminen, 2011.

그러나 특히 행위자의 역할과 관련한 항목에서 프로젝트 관리자의 역할, 사용자 및 사용자커뮤니티의 역할 등은 매우 확연한 차이를 드러내고 있다. 리빙랩 방식의 프로젝트 수행에서 최종 사용자(소비자)들은 개발자(연구기관, 대학 등), 제공자(상품 및 서비스를 최종 사용자에게 제공하는 기업 등), 공적 조력자(지자체, 정부, 기타 공공기관 등) 등 모든 리빙랩 참여자들과 비교해서 동등하고 적극적인 역할이 있음이 확인된다. 리빙랩 방식의 프로젝트 접근에서 최종 사용자인 소비자들은 개발자 및 기타 주체들과 함께 상품과 서비스의 공동창조자

(co-creators)의 지위를 부여받고 있는 것이다(Westerlund & Leminen, 2011).

이러한 리빙랩 방식의 접근은, 프로젝트 관리자들이 개별 참여자들의 역할을 유연하게 조정하는 통제·관리 방식을 실행함으로써 리빙랩 참여자들 개개인의 이익 극대화는 물론 사회혁신이라는 공동의 목적을 달성할 수 있도록 만들어 줄 것이라는 기대감을 우리에게 제공해주고 있다.

4. 리빙랩의 다양한 유형

리빙랩은 그 전형적인 형태가 2000년대 초반 북유럽과 미국을 시작으로 등장한 이래, 현재는 전 세계에 걸쳐 수백 개 이상의 리빙랩이 출현한 상태이다. 그러나 부분적으로 실험활동을 벌이는 리빙랩, 유사 리빙랩 등을 포함하게 되면 S. 레미넌이 지적한 바와 같이 리빙랩이라는 이름 아래 진행되고 있는 다양한 활동들의 규모를 헤아리는 것은 사실상 불가능하다.

그러나 레미넌의 지적처럼 리빙랩의 옥석을 가리거나 가짜 리빙랩을 발본하기 위해 리빙랩의 정의를 정형화할 필요는 없다. 왜냐하면 리빙랩이 현장에 기반한 혁신적 실험활동인 만큼 일치된 정의가 쉽지 않은데다, 개념정의를 정형화할 경우 오히려 정형화에 따른 경계 설정의 엄격성이 리빙랩 영역의 편협화를 초래할 수 있기 때문이다. 따라서 그의 조언대로, 리빙랩이 가지고 있는 공통의 특성과 유형(type)을 이해함으로써 발전적이고 확산적인 전망을 도모하는 것이 바람직하다.[17]

---

17) 유형화(類型化 · categorizing) 또는 분류화는 광범위하고 무질서하게 흩어져있는 대상

1) 주도 주체에 따른 리빙랩 유형

리빙랩의 유형화 작업에서 가장 빈번하게 제시되는 기준은 리빙랩을 주도하는 주체에 따른 분류를 들 수 있다. 이 분류에 따르면 리빙랩 주도자는 기업 주도형(Utiliser-driven), 지자체 주도형(Enabler-driven), 연구기관 주도형(Provider-driven), 사용자 주도형(User-driven) 등 모두 네 유형으로 구분된다. 〈표 2-3〉 참조.

첫 번째 유형인 기업 주도형(Utiliser-driven)은, 기업이 리빙랩을 통해 상품과 서비스를 개발 · 테스트하고자 리빙랩을 주도하는 유형이다. 기업은 사전에 설정한 자신의 목표에 기초하여 전략적인 R&D 활동을 전개하는데, 이를 위해 사용자에게 정보수집을 유도하고 사전에 설정한 목적 달성을 지지하도록 지식창조를 홍보하는 활동을 한다. 기업은 이러한 사용자와의 공동창조를 통해 자신의 새로운 상품과 서비스 개발을 돕는 새로운 지식을 얻게 된다. 기업주도형 리빙랩 활동의 수명은 대개 단기적이다.

을 공통되는 성질이나 특징에 따라 몇 개의 전형적인 틀로 구분하는 작업을 말한다. 유형화 작업을 통해 리빙랩을 분류하게 되면 리빙랩의 본질과 활동에서 너무나 많이 벗어난 활동들을 감별할 수 있다. 또, 각 유형별 특성과 활동을 보다 심화할 수 있기 때문에 장기적으로 리빙랩의 질적 성장을 기대할 수 있다.

〈표 2-3〉 주도 주체별 리빙랩 유형과 특징

구분	기업 주도형 (Utilizer-driven)	지자체 주도형 (Enabler-driven)	연구기관 주도형 (Provider-driven)	사용자 주도형 (User-driven)
정의 Definition	리빙랩을 통해 상품과 서비스를 개발 및 테스트하고자 하는 기업이 활용자(utilizer)로서 리빙랩을 주도하는 유형	지방자치단체 등이 리빙랩 활동 기반 및 조력자로서 혁신 활동에 참여하는 유형	대학, 연구소 등 연구기능을 가진 개발자가 혁신 활동을 주도하는 유형	협력활동을 통한 문제해결을 주된 목적으로 하는 사용자들이 매우 광범위하게 주도적으로 활동에 참여하는 유형
목적 Purpose	사전에 설정한 목표에 따른 전략적 R&D 활동	활동을 통한 정책개발	지식의 증대를 통한 조직의 발전	협업적 성취에 의한 문제해결
조직 Organization	신속한 지식 결과물을 얻기 위해 활동하는 기업의 네트워크 형성	지역발전 혹은 공적자금을 위한 네트워크 형성	연구기관 간의 네트워크 형성	공식적인 조정 메커니즘이 부족한 사용자들의 네트워크 개시
활동 Action	기업은 사용자에게 정보수집을 유도하고 사전에 설정한 목적 달성을 지지하는 지식창조를 홍보함	정보는 수집되어 함께 사용되며 지식은 네트워크 속에서 공동창조(co-created)됨	정보는 매개자(서비스 제공자)를 위해 수집됨; 연구기관의 새로운 지식은 이들이 타자들(사용자 등)로부터 얻은 정보에 기반한 것임	정보는 공식적으로 수집되지 않으며 사용자들의 이해관심사 위에 기반을 둠; 지식은 사용자공동체를 도와주는 네트워크 속에서 활용됨
성과 Outcomes	기업의 상품과 서비스 개발을 위한 새로운 지식	지자체가 선호하는 방향으로 정책의 변경을 안내	연구기관의 운영발전을 지원하는 새로운 지식	사용자의 일상생활 속 문제해결을 위한 솔루션
수명 Lifespan	단기	단기/중기/장기	단기/중기/장기	장기

*자료: Leminen et al., 2012; Leminen, 2015a: 30; 성지은·송위진·박인용, 2013; 성지은·송위진·정병걸 외, 2017: 11. 에서 저자 종합·재구성.

두 번째 혁신 주도자 유형은 지자체 주도형(Enabler-driven)이다. 이 유형은 지방자치단체 등이 리빙랩 활동의 기반을 제공하거나 조력하는 형태로 혁신에 참여하는 유형이다. 지자체는 이러한 리빙랩 활동을 지원(조력)하는 과정에서 지역발전을 도모하고 공적자금을 형성할 수 있는 네트워크를 구축하게 된다. 리빙랩 혁신 활동을 조력함으로써 정책 개발의 목적을 성취하게 되는 유형으로, 지자체는 자신이 선호하는 방향으로 정책 변경을 가이드할 수 있게 된다. 지자체가 주도하는 리빙랩 유형은 단기, 중기, 장기 등 정책의 목표와 지향에 따라 다양한 활동 수명을 갖는다.

세 번째 유형은 연구기관 주도형(Provider-driven)이다. 이 유형의 연구기관(대학, 연구소 등)들은 지식 증대를 통한 조직의 발전을 목적으로 리빙랩 활동을 주도하는 혁신 공급자이자 개발자들이다. 이들은 조직 차원에서 연구기관 간의 네트워크 형성을 도모하고 단기, 중기, 장기 등으로 이어지는 혁신 활동의 지속성을 유지한다. 이들은 또 매개자(서비스 제공자)를 위해 사용자로부터 정보를 수집하며, 자신들이 타자(사용자 등)를 통해 얻은 정보들에 기초하여 새로운 지식을 창출하는 활동에 주력한다. 결국 연구기관들은 리빙랩 활동을 주도하는 과정에서 사용자들이 실생활에서 안고 있는 문제의 해결책을 발전시킬 수 있는 기회, 자원(정보, 지식), 역량을 제공받는 셈이다.

네 번째 리빙랩 유형은 사용자 주도형(User-driven)이다. 유저(User)로서 사용자들이 주도하는 리빙랩은, 사용자들이 일상생활 속 문제들을 혁신의 활용자인 기업(Utilizer) 및 혁신 개발자인 연구기관들과의 공동창조(co-creative) 과정을 통해 솔루션을 성취하고 문제해결에 이르게 되는 유형이다. 이 유형의 리빙랩 활동을 통해 도출되는 정보(information)는 사용자들의 이해관심사에 기반을 둔 것으로, 이 정보에서 얻어진 지식은 사용자공동체(user community)를 돕는 네트워크

내에서 활용된다. 이 과정에서 사용자들은 자신들이 안고 있는 문제를 해결할 수 있는 솔루션을 얻게 된다. 사용자주도형 리빙랩의 수명은 장기적이며 지속적이다.

2) 운영 목적에 따른 리빙랩 유형

리빙랩의 유형은 운영 목적에 따라 분류할 수도 있다. 국내에서 현재 추진 중인 대부분의 리빙랩 사업들은 단일한 목적과 목표를 추구하기보다는 복수의 목적과 목표를 동시에 추구하는 것으로 나타나고 있다. 국내 연구자들이 분류한 우리나라의 리빙랩 유형은 〈표 2-4〉의 다섯 가지로 소개되고 있다(성지은 · 송위진 · 정병걸 외, 2017: 17).

첫째 유형은 비즈니스형 리빙랩이다. 이 유형은 새로운 사용자주도형 사업화 모델이라고도 할 수 있다. 이 리빙랩에서는 신기술, 신상품, 새로운 서비스를 사용자이자 수요자인 소비자들에게 어떻게 확대 · 적용하여 사업화를 고도화할 것인가에 목적을 둔다. 우리나라에서는 성남고령친화종합체험관 시니어리빙랩, 산자부의 에너지기술 수용성 제고 및 사업화 촉진 리빙랩 등이 대표적이다.

두 번째 리빙랩 유형은 사회문제해결형 리빙랩이다. 이 유형은 대부분 주민 주도형, 현장 주도형, 지역 주도형 리빙랩이 혼합된 형태로 추진된다. 지역사회가 안고 있는 문제를 해결하고자 하는 목적에서 실행되는 리빙랩으로 지역사회의 혁신을 추구한다. 지자체 주도의 리빙랩 사업 대다수가 이 유형에 포함된다. 대표 사례로는 중앙소방학교 재난안전리빙랩, 대전의 건너유 리빙랩 프로젝트 등이 있다.

〈표 2-4〉 운영 목적별 리빙랩 유형과 특징

구분	운영 목적	주요 사례
비즈니스형	기술 · 제품 · 서비스의 사업화 및 비즈니스 전략 수립	• 성남고령친화종합체험관 시니어 리빙랩 • 산자부 에너지기술 수용성 제고 및 사업화 촉진
사회문제 해결형	사회문제 해결 및 지역혁신, 사회혁신 달성	• 과학기술정보통신부 사회문제해결형 기술개발 사업 • 중앙소방학교 재난안전리빙랩 • 서울혁신센터 사회혁신 X 리빙랩 프로젝트 • 포항시 포항을 바꾸는 100일의 생활 실험 • 대전 건너유 프로젝트
커뮤니티 조직형	수요의 구체화 및 커뮤니티 조직화와 참여 전략의 성취	• 산자부 에너지기술 수용성 제고 및 사업화 촉진 • 사회적경제 조직 및 시민사회 주도의 리빙랩 사업
테스트베드 실증사업형	테스트베드 및 실증사업 추진	• 서울시 북촌 IoT 리빙랩 • 동탄 스마트 안전 융합 신제품 리빙랩 사업 • 부산 IoT 융합도시기반 서비스 구축 사업 • 대전시 센서기반 오정농수산물도매시장 악취 저감 리빙랩
시스템 전환형	지속가능한 시스템 전환을 위한 실험과 전략적 니치	• 성대골 에너지 전환 리빙랩

*자료: 성지은.송위진.정병걸 외, 2017; 17.

세 번째 유형은 커뮤니티 조직형 리빙랩이다. 이 유형은 사회적경제 조직체 등을 구축하고 이 조직들을 리빙랩에 참여시키는 방식으로 사업을 진행한다. 시민사회 주도형 리빙랩으로도 분류된다. 이 유형의 대표적인 리빙랩 사례는 산자부의 에너지기술 수용성 제공 및 사업화 촉진 리빙랩을 들 수 있다. 대다수의 사회적경제 공동체 조직들이 지역사회 시민들의 규모 있는 참여를 통해 활동을 수행하는 리빙랩에 해당한다.

네 번째 유형으로는 테스트베드 실증사업형 리빙랩을 들 수 있다. 테스트베드(Test Bed), 즉 새로운 기술·제품·서비스의 성능 및 효과를 시험할 수 있는 환경이나 시스템, 설비 등을 구축하기 위해 리빙랩 실험을 진행하는 유형이다. 이 리빙랩 유형으로는 서울 북촌마을 IoT 리빙랩, 동탄 스마트 안전 융합 신제품 리빙랩 사업, 부산 IoT 융합 도시기반 서비스 구축 사업, 대전시 센서기반 오정농수산물도매시장 악취저감 리빙랩 등이 대표 사례들이다. 이 유형은 다양한 테스트베드를 통한 스마트시티(smart city) 구축 사업에 집중적으로 도입되는 실증형 리빙랩이기도 하다.

다섯 번째는 시스템 전환형 리빙랩 유형이다. 이 유형은 지속가능한 사회를 위한 혁신과 시스템 전환을 모색하는 전략적 니치(niche)에 해당한다. 이 유형의 대표 사례인 성대골 에너지 전환 리빙랩은 에너지 수용성 제고를 도모하는 산업부 과제로 진행되었으나 중장기적으로 사회의 지속가능한 에너지 전환을 목표로 추진되고 있다(성지은·송위진·정병걸 외, 2017: 15-17).

3) 사업화 단계에 따른 리빙랩 유형

리빙랩을 일련의 기술사업화 과정으로 보고, 어떠한 사업화에 초점을 두느냐에 따라 리빙랩의 유형을 구분할 수도 있다. 이 기준에 따라, 개발된 기초·원천기술을 바탕으로 최종 사용자의 수요영역을 탐색하고 검증해서 사업화를 진행하는 수요탐색형 리빙랩, 도시 및 지역사회의 문제를 해결하기 위해 다각도의 실험을 실행하는 문제해결형 리빙랩, 리빙랩 전반의 과정에 대해 전문성에 기반하여 서비스를 제공하는 플랫폼형 리빙랩 등 세 유형으로 나눌 수 있다(성지은·송위진·정병걸 외, 2017: 18-19).

첫 번째 유형인 수요탐색형 리빙랩은 최종 사용자인 소비자를 대상으로 하는 사업화 유형에 해당한다. 이 리빙랩에는 대학, 연구기관, 기술 관련 사업화 전문기관, 기업, 최종 사용자 등이 지속적인 상호작용의 협력체계 하에 다양한 리빙랩 활동에 참여한다. 주요 활동으로는 기초·원천기술을 어떻게 수용할 수 있는가를 리빙랩 실험을 통해 탐색하는 활동, 탐색을 통해 소비자 수용성이 높을 것으로 예상되는 상품 및 서비스에 대한 프로토타입((prototype)의 제작 활동, 제작한 프로토타입의 상품성 검증 및 양산형 시제품 실증활동 등을 언급할 수 있다. 이 유형의 리빙랩은 기초원천기술의 기반수요를 탐색할 수 있다는 장점을 가지는 반면, 최종 사용자의 수용영역을 특정하고 이들을 조직화된 규모로 발굴하는 것이 어렵다는 단점을 가진다. 즉, 수익형 비즈니스 모델 개발 측면에서 난점이 크다.

두 번째 리빙랩 유형은 문제해결형 리빙랩이다. 이 리빙랩은 공공사용자(지자체)와 매개사용자(사회서비스 제공기관) 및 최종 사용자(소비자)를 대상으로 문제해결을 위한 기술 탐색, 비즈니스 모델 발굴, 프로토타입 제작·검증, 양산형 시제품 실증 등의 활동을 벌이는 유형이다. 이 리빙랩을 주도하는 주체는 연구기관, 대학, 지자체와 정부, 사회적 경제조직 및 비영리 조직, 최종 사용자 등이다. 이 유형은 최종 사용자가 안고 있는 문제의 해결에 초점을 두고 진행하는 리빙랩이라는 점에서 수요자 및 수요영역에 대한 특정이 가능하며 따라서 조직화된 사용자 발굴과 비즈니스 모델의 개발이 용이하다. 또, 지자체와 정부 등의 공공수요와 관련한 기술사업화 및 시장형성의 불확실성을 줄여주는 장점도 있다.

세 번째 리빙랩 유형은 플랫폼형이다. 플랫폼형(platform type)은 리빙랩 운영의 전문성을 담보하고 있는 대학, 연구기관, 지자체, 공공기관 등을 주요 참여자로 하는 유형이다. 이 유형의 핵심 활동은 사용자 패널을 구축하여 리빙랩 플랫폼을 형성하고, 여타 주체들이 다양한 리빙랩 프로젝트를 추진할 수 있도록 리빙랩과 관련한 제반 서비스를 일괄적으로 제공하는 것이다. 우리나라에서는 성남고령친화체험관이 플랫폼형 리빙랩의 대표 사례에 해당한다(성지은 · 한규영 · 박인용, 2016; 성지은 · 송위진 · 정병걸 외, 2017: 18-19). 〈표 2-5〉는 사업화 단계에 따른 리빙랩 유형과 특징들을 정리한 것이다.

〈표 2-5〉 사업화 단계별 리빙랩 유형과 특징

구분	수요탐색형 리빙랩	문제해결형 리빙랩	플랫폼형 리빙랩
목적	최종 사용자(소비자)를 대상으로 하는 사업화	공공사용자(지자체), 매개사용자(사회서비스 제공기관) 및 최종 사용자를 대상으로 하는 사업화	전문성에 기반 하여 리빙랩 운영에 제반 서비스를 일괄적으로 제공하는 사업화
주도 참여자	연구기관, 대학, 기술이전 전문기관, 기업, 최종 사용자	연구기관, 대학, 지자체·정부, 비영리 조직 및 사회적 경제 조직, 최종 사용자	대학, 연구기관, 지자체, 공공기관
주요 활동	리빙랩을 통해 원천기술을 활용할 수 있는 수용영역 탐색, 비즈니스 모델 발굴, 프로토타입 제작 및 검증·양산형 시제품 실증	문제해결을 위한 기술 탐색 및 비즈니스 모델 발굴, 문제해결을 위한 프로토타입 제작 및 검증, 양산형 시제품 실증	사용자 패널을 구축하여 리빙랩 플랫폼 형성, 내·외부 조직에 리빙랩 운영 서비스 제공
사업화의 장점 및 특성	기초·원천기술 기반수요 탐색, 최종 사용자 및 최종 수요 영역의 특정이 어려움, 조직화된 사용자 발굴이 어려움, 비즈니스 모델 개발의 어려움	공공구매 및 신수요 형성 등 기술사업화 시장의 불확실성이 감소함, 최종 사용자 및 최종 수요영역의 특정이 가능함, 조직화된 사용자 발굴 및 비즈니스 모델 개발이 용이	리빙랩 기반 사업화 플랫폼으로서 사업화 과정 전반을 지원하는 역할을 수행

*자료: 성지은·한규영·박인용, 2016; 성지은.송위진.정병걸 외, 2017; 179.

5. 리빙랩의 방법론

앞서 리빙랩의 특징에서 살펴본 바와 같이, 리빙랩은 '복합적이고 다양한 방법론적 접근'(multi-method approach)이 시도되는 일상생활 속 실험과정이자 플랫폼이다. 여기서 소개하려는 리빙랩의 방법론은 전통적인 프로젝트의 방법론과 구별되는, 사회혁신을 지향하는 새로운 방법론이라는 차원에서 리빙랩 접근법의 주요한 '특징들'에 기초한 것이다. 〈표 2-2〉에서 제시한 '전통적 프로젝트 방식과 리빙랩 접근법'의 차이에서 확인한 바와 같이, 리빙랩은 방법(methods)과 도구(tools) 나아가 방법론(methodoly)의 차원[18]에서 전통적인 프로젝트 실행 방법과 대조적인 특징을 보이고 있다. 둘 간의 이러한 차이는 리빙랩이 지향하는 인식론적 관점에서 비롯되는 것이다.

1) 리빙랩의 관점

'방법'으로서 리빙랩 접근법을 단일한 개념과 폼(form)으로 정형화하는 것은 바람직하지 않다. 왜냐하면 '리빙랩'이라는 개념 자체가 2000

18) 방법(method)과 방법론(methodology)은 학술적으로 구분된 개념이다. 방법론은 자료의 조작과 지식의 습득을 위해 특정 분야에서 사용되는 기법을 가리키는 경우가 있지만 주로 학문 분야에서 논리적 기초에 의한 이론적(추상적) 연구를 언급하는 데 사용된다. 이 경우의 방법론은 인식론 및 지식론의 일부가 된다(고영복, 2000). 과학에서 연구 대상에 대해 검토할 때 동원되는 여러 가지 방법을 총괄하여 방법론이라고 한다. 또, '과학적 인식을 얻는 방법을 고찰하는 것'을 방법론이라고 한다(임석진 · 윤용택 · 황태연 · 이성백, 2009). 자연과학과 사회과학은 그것이 다루는 객관적 세계의 여러 현상을 관찰함에 그치지 않고, 그 여러 현상의 본질을 이루고 있는 법칙을 파악하고자 한다. 그런데 개개의 과학에는 그 대상의 특성이 무엇이냐에 따라 연구 대상의 본질을 적확하게 파악할 수 있는 독특하고도 고유한 방법이 필요하다. 그 결과 연구 대상이 어떠한가에 따라 다른 방법이 생겨나는데, 그러한 "방법'을 연구하는 것' 이 방법론이다. 따라서 방법론은 어떤 학문이 사용하는 방법들, 법칙들, 가설들의 원리들을 분석하는 것, 어떤 학문 안에서 사용할 수 있거나 혹은 사용해온 방법들에 대한 체계적 연구, 방법들의 연구나 방법들의 서술 등으로 정의된다. 반면, '방법'은 구체적인 목표 달성을 위한 수단으로 도구, 기법, 프로세스 등을 포함한다. 실제의 연구 과정에서는 흔히 구체적인 방법들(methods)이 활용된다.

년대 이후 새롭게 등장하였을 뿐만 아니라 그 실험과정 또한 현장, 사용자, 공동 창조 및 혁신 등 새로운 원칙들에 기반하고 있기 때문이다. 리빙랩의 이러한 원칙들은 리빙랩이 뿌리를 두고 있는 인식론적 관점에서 기인한다. 리빙랩이 의존하는 관점은 '사회구성주의 접근(Social Constructivism Approach)'이다.

사회구성주의 접근은, '사회구성주의' 혹은 '사회구성론'으로 불리는 이론에 근거한 접근이다. 사회구성주의(Social Constructivism)는 사회의 현실이나 실재가 어떤 방식으로 사회 구성원들에 의해 이해되고 만들어지며 발전하는가에 대해 연구하는 입장이자 이론이다. 사회학자 피터 버거(Peter Berger)와 토마스 루크만(Thomas Luckman)의 《실재의 사회적 구성 The Social Construction of Reality》(1966)이 출판된 이후로, 사회구성주의라는 개념이 사용되기 시작하였다. 또, 사회구성론(Social Constructivism)은 "지식은 인간의 경험세계로부터 구성되며, 개인이 처한 사회 속 맥락에 따라 상황을 구성할 수 있다"고 보는 이론이다(앤서니 기든스 · 필립 서튼 지음 · 김봉석 역, 2015: 70-76; 네이버 지식백과, 2023; 두산백과 두피디아, 2023).

이 이론들은 '실재(reality)'의 문제와 연관하여 주요한 쟁점을 출현시킨 이론이기도 하다. '사회현상'의 출현에 대해 사회구성주의 관점을 적용하면, 사회는 실재를 만들기도 하고 파괴하기도 하며, 진실을 드러내 보이기도 하고 가리기도 한다. 우리가 현실이나 실재로 믿고 있었던 것들은 사실 사회 구성원들 간의 상호 작용을 통해 만들어지며, 이 실재는 어떤 과학적 방법을 통해 밝혀지는 객관적인 진리를 담고 있는 것이 아니라 그저 다양한 현실들을, 그것도 주관성과 객관성의 통합적 존재인 사회적 행위자들의 무수한 상호작용을 거쳐 반영하는 것이다. 이 이론들은 지식(knowledge), 특히 '과학지식'이 출현하는 방식도 사회현상의 출현 과정 및 메커니즘과 다르지 않다고 봄으로써 많은 논쟁을 불러일으켰다. 이들 관점에서 보면, 과학지식은 실재성이 뚜렷한 자연세계, 물질세계의 물리적 현상의 순수하고 완벽한 관찰과 인식으로 등장한 것이라기보다 과학자 집단의 지식 구성 메커니즘과 지식 형성의 원칙(예를 들어, 완벽한 객관주의, 가치중립성 등)에 기반하여 구성된(만들어진) 것일 뿐이다. 이들은 과학지식의 구성, 나아가 기술의 사회적 구성이 과학기술(지식)의 본질의 한 측면을 차지하고 있다고 보는 것이다. 이러한 입장에서 보면, 과학지식은 절대성, 객관성을 완벽하게 담보하고 있지 않은 지식이며 따라서 우월한 지식, 나아가 절대적 진리로 신봉될 이유는 없다.

실제로 이 이론을 극단의 지점까지 밀고 나가게 되면, 객관적이고 절대불변의 실재, 고정불변의 지식으로 받아들여지는 우주체계의 원리 등과 같은 자연세계 및 물질세계의 실재는 다소 객관적인 그리하여 실재성이 뚜렷한 현상으로 우리에게 '수용된' '형성된(구성된) 지식'에 다름이 아니다. 그러나 우주체계에 대한 원리가 천동설에서 지동설로 전환되었다 한들 우주체계의 실재가 바뀌었다고 할 수 있을까? 이러한 의문 때문에, 사회구성주의 및 사회구성론은 과학 분야의 실재성 문제와 관련하여 비판을 받아왔다.

그럼에도 불구하고 이러한 입장의 이론들은 특히 기술의 영역에서 1970년대 이후 많은 지지를 받아온 측면이 있다. 이러한 지지는 기술의 사회적형성론, 기술의 사회적구성론이라는 이론의 등장으로 이어졌는데, 이 이론들은 1970년대까지 과학기술계를 지배해온 과학주의(scientism), 기술결정론(technological determinism)을 비판하는 입장에 뚜렷하게 서 있었다. 즉, 이 두 기술 이론이자 관점들은 기술결정론(기술이 사회에 일방적인 영향을 주며, 기술은 사회에 무관할 뿐만 아니라 자체의 고유한 발전논리에 따라 자율적으로 진보해왔다는 입장)을 전면적으로 비판한다. 기술변화의 과정에는 기술 자체의 논리가 아니라 정치적, 경제적, 사회문화적 요소들이 직·간접적으로 개입하는 사회구성주의 관점의 원리가 작동한다는 것이다. 이에 따라 관련 연구자들은 기술선택의 필연성보다 '상황적합성(contextual suitability)'을 강조하며 현재의 지배적인 기술도 취사선택하거나 새롭게 구성 및 재구축할 수 있다고 본다(앤드루 웹스터·김환석·송성수, 1995; 홍성욱, 1999; 위비 바이커·송성수, 1999; 윤정로, 2015).

그렇다면 리빙랩은 사회구성주의, 사회구성론과 같은 이론 및 입장들과 어떠한 관련이 있을까? 앞서 리빙랩의 기원과 역사적 발전과정에서 살펴본 바와 같이 리빙랩은 아직까지 이론적, 방법론적 토대가 뚜렷하게 범주화되지 않은 상태에 놓여있다. 다만 현재 시점에서 분명하게는, 사회문제해결을 위한 혁신적 방법(론)이자 과정이며 플랫폼으로 규정되어 있을 뿐이다. 따라서, 아직까지 리빙랩과 관련하여 인식론적 관점이나 이론과의 연계가 명시되어 소개되고 있지는 않다. 이러한 배경에는 리빙랩이 지극히 현장 중심적이며 기술의 실용화를 목적으로 등장·확산하였다는 점에서 이론적 기반과의 연계가 사실상 불필요하다는 점도 작용하였을 것이다. 나아가, 리빙랩은 철저하게 현장중심의 '경험 연구'로 이루어진다는 점에서 본질적으로 경험 연구에 기반하여 이론이 구축되어야 하는 영역이라는 특성도 영향을 미쳤다고 본다. 하지만 앞서 소개한 리빙랩의 특징과 다양한 실험 유형들을 보면, 리빙랩은 분명하게 기술의 사회구성주의(사회적형성론, 사회구성론)와 밀착되어 있음이 명백하다.

이러한 차원에서, 리빙랩이 사회구성주의 접근에 밀착되어 있다는 점은 다음의 몇 가지 의미를 함축하고 있다고 하겠다. 첫째, 리빙랩은 아이디어 형성부터 혁신적 제품이나 서비스를 만들어내는 과정에 이르기까지 다양한 참여자들의 지속적이고 반복적인 상호작용을 강조한다. 또, 사용자의 요구나 수요를 혁신의 중요한 원천으로 본다. 이러한 점은 기술이 사용자의 필요(needs)에 따라 혁신의 방향과 내용 면에서 영향을 받을 수 있다는 점을 의미한다. 리빙랩이 이른바 '사용자(소비자) 혁신론'과 관련이 깊다는 점을 확인해주는 것으로, 이는 곧 사회구성주의 기술론의 기본적인 전제와 일치한다(성지은 · 송위진 · 정병걸 외, 2017: 22-23).

둘째, 리빙랩에는 다양한 이해관계자들이 참여하며 공동창조, 협력, 협업, 거버넌스(goverance) 등의 과정을 거치면서 각자의 이익을 극대화한다. 리빙랩에 참여하는 이해관계자들은 가장 중요한 주체로 부상한 사용자(user) 외에 연구기관, 기업, 정부 및 지자체, 대학, 기타 비영리적 기관 등으로 다양하다. 이처럼 이해관심사(interest)가 모두 다른, 때로는 이해관심사가 충돌할 수 있는 복수의 주체들이 리빙랩 활동에 참여함으로써 각자의 이익을 극대화할 수 있다는 점은 리빙랩 활동과 관련하여 기술적, 정치적, 학술적, 실용적, 공익적 관점 등 다양한 이해관심사가 '혁신'에 따른 공동이익의 성취로 수렴된다는 것을 의미한다. 이는 곧 '과학기술'과 '사회'라는 거시적인 두 개의 영역이 하나의 메커니즘 속에서 새로운 로직(logic)에 따라 '공진화(共進化 co-evolution)'할 수 있음을 확인해주는 것이다. 서구의 리빙랩 연구자들이 강조하는 4P체계(Public-Private-People Partnership), 사중나선의 협력생태계가 현실사회에서 구현되는 것이다(Leminen, 2015b).

셋째, 리빙랩이 추구하는 혁신의 실행 공간은 '실생활 환경(real-life environments)'이다. 이 점은 리빙랩이 기존의 전통적인 프로젝트의 혁신 방법론과 구별됨을 의미한다. 혁신의 실행 공간으로서 실생활 환경에는 가정, 회사, 지역사회, 조직, 시장, 가상공간 등 혁신적 제품이나 서비스가 필요한 모든 영역이 포함된다. 리빙랩에서 이처럼 실생활 환경을 혁신 공간으로 설정하는 이유는 혁신적 제품 및 서비스가 사회적 필요나 시장적 요구에 부합하려면 실생활 속의 상황을 적극적으로 반영해야 한다는 필요성 때문이다(Leminen, 2015b; 성지은 · 송위진 · 정병걸 외, 2017: 27-29).

넷째, 리빙랩은 프로젝트 실행에서 절차적이고 단계적으로 진행하는 실험 과정(process) 자체를 중시한다. 이전의 전통적 프로젝트가 사전에 정의된 목표의 성취라는 경직성에 묶여있었던 접근 방식에서 벗어나 있다. 4P를 포함한 공동창조를 중시하며, 특별히 사용자 주도의 혁신에 대한 신뢰를 바탕으로 목표 자체도 상황적 맥락에 따라 끊임없이 조정해나갈 수 있는 것으로 받아들인다. 또, 실험과정에서 발생하는 오류나 실패에 대해서도 허용적인 특징을 가지고 있다. 이는 리빙랩 프로젝트의 관리자가 4P 체계(Public-Private-People Partnership) 하에서 서로 다른 이해관계자들의 동등한 지위를 인정하며 스스로 유연한 통제와 조정의 태도를 갖기 때문에 가능한 것이다. 이러한 특징들은 기술의 개발 및 실행에서 사회적인 요인과 주고받는 상호작용을 중시함으로써 기술 자체는 물론 상품 및 서비스를 끊임없이 새롭게 구성해나간다는 것을 확인해주는 대목이다.

요약하면, 리빙랩의 인식론적 특징으로서 사회구성주의적 접근은 기존 프로젝트 인식론과 다른 패러다임을 가지고 있다고 할 수 있다. 그 특징은 다음과 같다. 첫째, 리빙랩 접근체계 이르러 R&D 및 개발의 주체가 변화되었다. 대학(연구기관)-기업-정부의 삼중나선체계(3p 체계)에 시민이 추가된 사용자 주도형 사중나선체계(4p 협력체계)로 전환한 것이다. 둘째, R&D 및 개발의 무대가 리빙랩 접근에 이르러 바뀌게 되었다. 즉, 실험공간이 실험실에서 실생활 환경, 현장, 지역사회 등으로 이동한 것이다. 셋째, 경직된 목표 중심의 R&D 체계에서 벗어나 실험의 과정(process)을 중시하는 유연한 조정 및 통제의 관리체계로 이행하게 되었다.

2) 리빙랩 접근법: 방법론적 특징

S. 레미넌(2015b)에 따르면 방법 및 방법론과 관련한 리빙랩 연구의 흐름은, 현재 진행되고 있는 리빙랩 연구의 세 흐름 가운데 한 축(영역)을 차지하고 있다. 현재의 리빙랩 연구의 세 흐름 중 첫째 흐름은 환경 혹은 상황적 맥락(context)으로서 리빙랩을 연구하는 것이다. 둘째 흐름은 접근법, 방법, 방법론 및 과정이라는 방법(method)으로서 리빙랩을 연구하는 흐름이다. 셋째는, 개념화(conceptualization)로서 리빙랩을 연구하는 작업이다.

개념화로서 리빙랩을 연구하는 작업은, 리빙랩에서 새로 만들어진(창조된) 개념화 도구를 이론적 차원에서 연구하는 것이다. 이것은 실생활 환경에서 혁신(innovation) 활동을 개념화하기 위해 제안된 것인데 네트워크, 역할, 혁신 성과(innovation outcomes)와 같은 개념화 도구들에 초점을 맞추고 있다. 맥락(contexts), 즉 상황 혹은 환경으로서 리빙랩을 연구하는 흐름은 사용자의 활동들(user activities)로 뒤엉켜 있는 실생활 환경(real-life environments)으로서 리빙랩을 연구하는 것이며, 전형적인 리빙랩 연구로 흔히 언급된다.

이들과 달리 방법(method)으로서 리빙랩에 관한 연구는, 사용자들의 실생활 환경(real-life environments)에 대한 연구라기보다는 사용자들(users)과 다수의 이해관계자들(multiple stakeholders)에 의해 발전·검증·테스트된 상품, 서비스, 시스템, 프로토타입 등의 인공물(artifacts)이 생산되는 지점인 개발 접근법(development approaches), 방법(methods)과 방법론(methodologies) 및 그 과정(processes)들에 초점을 둔다. 이러한 '방법으로서 리빙랩 연구'는 △다른 맥락(환경)과 결합되는 방법 또는 방법론 △단계적·과정적 방법 또는 방법론 △여타의 R&D 및 개발 접근법과 구별되는 방법론이라는 연구 결과들을 제공해주고 있다(Leminen, 2015b: 26-34). 이렇게 볼 때, 방법으로서 리빙랩은, 리빙랩 실험과정 전반에 직접적인 영향을 미치는 '실천적인 활동'과 유사한 접근법이라고 이해할 수 있다. 이하의 내용은 Leminen(2015b)의 논문에 소개된 연구자들을, 논문 내용에 근거하여 재인용·정리한 것이다.

(1) 다양한 맥락과 결합하는 방법(론)

서구의 여러 연구 보고들에 따르면 리빙랩 방식의 접근법은 실생활 환경, R&D 방법론, 지역사회 구축, 사회혁신, 시민참여 등 다양한 사회적·환경적·상황적 맥락과 결합하는 방법(론)이라고 할 수 있다.

Ståhlbröst(2006)는 IT-디자인 과정 연구에서 행위 조사연구 접근법으로 리빙랩을 이해하고자 하였는데 공통의 목적, 환경적 맥락, 혁신, 사용자와 그의 니즈(needs)를 파악한 결과 실생활 맥락(real-life contexts) 안에 있는 기술 테스트(시험)에서 사용자의 중요성이 확인되었다고 강조했다. 또 Ponce de Leon et al.(2006)은 "리빙랩 접근법은 (진짜 고객과 e-환경에 있는 최종 사용자들에 의해 설계·테스트·검증·개발된) 새로운 서비스, 상품 혹은 애플리케이션을 위한 R&D 방법론(Research and Development methodology)"이라고 말했다.

이와 함께 Tang et al.(2012)의 연구는 일상의 캠퍼스 생활에서 혁신을 위한 하나의 환경, 방법론, 시스템으로 리빙랩 접근법을 바라보았다. 헬싱키-탈린지역에 리빙랩을 적용했던 Lepik et al.(2010)은 "리빙랩으로 도시, 지역, 마을, 시골 및 공단지역을 만들 수 있다"며 "리빙랩이 실생활 환경에서 새로운 서비스·상품·시스템을 검증 및 테스트하고 프로토타입을 만들어낼 수 있다"고 제안했다. Mulder(2012)는 사람들이 자신들의 도시를 위해 공동개발(co-development), 사회혁신(social innovation)을 진행할 때 '시민참여(citizens' participation)' 강조했다. Coenen et al.(2014)은 리빙랩 방식을, 스마트시티 조성에서 탑다운(top-down) 및 바텀업(bottom-up) 접근 모두를 충족시킬 수 있는 R&D 방법론에 위치시켰다.

이에 반해, Edwards-Schachter et al.(2012)은, 리빙랩 방법론이 협업적인 혁신에서 혁신의 기회제공을 위한 사용자의 니즈, 선호, 기대를 확인하는 곳에 사용되는 사회적 혁신 공간이라고 말했다. Dell'Era & Landoni(2014)는 실생활 환경에서 사용자가 필요로 하는 디자인 설계 방법론이라고 보았다.

이처럼 연구자들 대다수의 연구 결과로 볼 때, 리빙랩 방식의 접근법은 사용자의 실생활 맥락, 상품과 서비스 및 애플리케이션의 R&D 방법론(methodology), 혁신과 시스템 개선을 위한 방법론, 다양한 지역사회와 도시를 구축할 수 있는 방법론, '시민참여(citizens' participation)'가 강조되는 방법론, 탑다운(top-down) 및 바텀업(bottom-up) 접근 모두를 충족시킬 수 있는 R&D 방법론 등 서로 다른 차원의 다양한 맥락들과 결합될 수 있는 방법이자 방법론이라고 할 수 있다.

반면, 리빙랩을 '제반 방법들이 종합적으로 활용될 수 있는 디자인 설계와 사회적 혁신을 위한 공간'이라고 보는 연구자들의 제안을 고려하면, 리빙랩 자체가 방법론의 집약체인 일종의 플랫폼으로 이해될 수 있다.

(2) 단계적 · 절차적 · 과정적 방법(론)

다수의 서구 연구자들의 보고에 기반하여 볼 때, 리빙랩 방식의 접근법은 단계적 · 절차적인 일종의 '과정으로서 방법론(methodology as a processes)'으로도 이해될 수 있다.

Følstad(2008b)는 "리빙랩은 혁신과 개발의 과정에 기여한다"고 강조했고 Levén & Holmström(2008)은 리빙랩은 혁신의 과정이며 곧 실생활 환경이라는 점을 지지했다. Pierson and Lievens(2005)는 리빙랩

을 맥락화(contextualisation), 구체화(concretisation), 구현(implementation), 피드백(feedback) 등 네 단계로 정의하였는데, 리빙랩이 자연적으로 순환하며 각기 다른 단계에서 한 세트의 방법론으로 활용된다고 말했다.

Schaffers & Kulkki(2007)은 리빙랩이 개발자 및 기타 이해 관계자들과 함께하는 농촌 및 지역의 혁신 시스템을 촉진하는 접근법이라고 보았다. Schaffers et al.(2008; 2009)은 농촌지역에서 리빙랩은 혁신을 조직하기 위한 행위자들의 단계적 조사연구 접근법에 해당한다며, 리빙랩 방법론이 서로 다른 환경에 의존할 수 있는 다양한 사용자들과 이해관계자들의 필요(needs)를 충족시켜 주기 위해 복합적인 방법(multiple methods)을 활용할 필요가 있다고 강조하였다. Budweg et al.(2011)은 전문적인 공동체들이 혁신을 촉진하기 위해 각각 다른 단계의 방법론들을 활용함으로써 공동작업방식(collaboration practices)과 도구들(tools)을 만들어낸다고 강조하였다. 또, Gray et al.(2014)은 "리빙랩은 복잡한 공동체들이 복잡한 문제를 공동설계(co-designing)하는 데 적합하다는 점을 발견했다"고 하였다.

연구자들의 보고를 종합해보면, 리빙랩은 맥락화-구체화-구현-피드백 등으로 요약할 수 있는 순환적 단계의 사이클을 거친다. 또, 이 과정을 거치면서 혁신을 촉진하고 공동체와 지역사회의 문제를 해결하기 위해 복합적인 방법을 활용하는 접근법이라고 이해할 수 있다. 이러한 특징은 리빙랩 접근법을 과정적 방법으로 이해해야 함을 확인해주고 있다.

(3) 기타 R&D 및 개발 접근법과 구별되는 방법(론)

리빙랩 방식의 접근법은 여타의 R&D 및 개발 접근법과는 다른 방법론으로 확인되기도 한다. Bergvall-Kåreborn et al.(2009)은 리빙랩과 시스템 개발 및 현장연구가 다르다는 점을 보여준다. 이들은 리빙랩은 모든 이해관계자들과 연관되어 있으며 공동경영자(co-operators, 예를 들어 파트너 등), 연구자와 사용자들을 리빙랩과 가까운 관계들로 조직함으로써 다양한 이해관계자들을 포괄한다고 주장한다. Wilson et al. (2005: 115)은 "리빙랩은 현실(reality)을 연구(search) 속으로 가져가는 것이 아니라, 연구(research)를 현실(reality) 속으로 가져가는 것"이라고 말했다. Wellsandt et al.(2012)는, "전통적인 랩(traditional lab)이 활동들을 테스팅하고 혁신하는 과정의 참여를 위해 사용자(user)들을 실험실(laboratory environment)에 소환하는 반면 리빙랩은 자신들의 활동을 위해 필요한 기술들을 사용자들에게 제공한다"고 말했다.

이들의 보고를 통해 리빙랩은 전통적인 프로젝트 및 연구소의 개발 접근법과 달리, 소비자들의 적극적인 참여를 통한 공동경영, 공동소유, 공동창조 등을 지향한다는 점을 알 수 있다, 또, 연구소나 실험실을 벗어나 현장과 현실세계로 연구 공간을 이동함으로써 철저하게 사용자 중심, 현장 중심의 방법론을 채택하고 있음이 확인된다.

3) 리뱅립의 운영원칙과 조건

앞서 살펴본 리빙랩의 사회구성주의적 접근과 방법론은 '새로운 혁신'을 추구하는 리빙랩의 가치와 철학이라고 할 수 있다. 리빙랩 연구자들은 이러한 가치와 철학, 인식론과 방법론에 기초하여 리빙랩의 실행에 요구되는 몇 가지 운영원칙과 혁신의 성공을 위한 방법론 구축의 절차적 필수조건 몇 가지를 제시하고 있다.

먼저, 운영원칙과 관련한 논의를 살펴보자. 리빙랩은 기존의 다른 혁신방법론과 구별되는 원칙에 따라 관리·운영된다. Corelabs(2007)은 리빙랩 운영의 5가지 핵심원칙으로 계속성(continuity), 개방성(openness), 현실성(realism), 사용자 역능성(empowerment of users),

즉시성(spontaneity)을 제시하였다. 또, Bergvall-Kåreborn et al.(2009)은 개방성(openness), 영향(influence), 현실성(realism), 가치(value), 지속가능성(sustainability) 등을 꼽았다(성지은 · 송위진 · 정병걸 외, 2017: 28).

각각의 의미를 조금 더 구체적으로 살펴보면 다음과 같다. 계속성(continuity)은 지속가능성과 관련되는 원칙이다. 리빙랩의 성공적인 운영을 위해, 사용자와 여타의 혁신 행위자들이 원활한 협력을 실행하며 장기적인 관계를 유지해야 한다는 것이다. 개방성(openness)은 다양한 관점과 이해관심사를 가진 모든 주체들에게 리빙랩의 문호가 열려있다는 원칙이다. 이는 다양한 관점의 결합이 혁신을 위한 최고의 아이디어를 도출하는데 있어서 필수적이라는 의미를 갖는 것으로 '개방형 혁신'과도 부합하는 원칙이다(Corelabs, 2007; Bergvall-Kåreborn et al., 2009). 현실성(realism)은 실제의 시장(market)에서 효용성이 높은 결과를 도출하기 위해서는 '실생활 환경'과 같은 현실적 환경에서 혁신 활동이 이루어져야 한다는 것을 강조하는 원칙이다. 즉시성(spontaneity)은 새로운 혁신에 성공하기 위해서는 사용자의 반응, 아이디어, 요구, 필요 등을 즉각적으로 반영해야 한다는 원칙을 말한다. 가치(value)는 리빙랩의 혁신이 기업, 사용자, 정부, 사회 등 다양한 이해관계자들에게 가치를 제공해야 함을 강조하는 것이다. 사용자 역능성(empowerment of users)은 최종 소비자로서 사용자의 적극적인 역량이, 혁신의 과정과 결과에 영향력이 크다는 점에서 사용자 주도의 권리와 지위를 존중하는 원칙이다. 두 논의에서 리빙랩의 공통 원칙을 간추리면 계속성, 개방성, 현실성, 가치 실현, 사용자 주도 등으로 요약할 수 있다(성지은 · 송위진 · 정병걸 외, 2017: 28-30).

다음으로, 복수의 연구자들은 리빙랩이 '새로운 혁신'에 성공하려면 프로젝트 진행 시 절차상의 필수조건 몇 가지가 요구된다고 말한다.

Corallo, Latino & Neglia(2013)은 사전기획, 사용자 주도의 혁신, 리빙랩공동체 형성, 리빙랩공동체 관리, 개발된 제품·서비스의 사업화 등 다섯 가지를 제안하였다. Katzy(2012)는 아이디어 도출 및 팀 구성, 공동창조(4P 체계), 실용화(벤처 사업화와 프로토타입 제작 등) 등으로 압축하였다. 이들의 논의로 볼 때, 리빙랩의 성공적 활동에는 '기획-공동체 형성-공동창조-실용화'로 이어지는 절차로서의 조건이 필수로 요구된다(성지은·송위진·정병걸 외, 2017: 28-30)

종합하면, 리빙랩 접근법에 따라 새로운 혁신이 성공하려면 '계속성, 개방성, 현실성, 가치 실현, 사용자 주도'의 운영원칙 하에 '기획-공동체 형성-공동창조-실용화'로 이어지는 절차로서의 필수조건이 수반되어야 함이 강조되고 있다.

한편, 지금까지 살펴본 리빙랩의 운영원칙과 절차적 필수조건을 기반으로 성공적인 리빙랩 활동을 지원하기 위해 서구의 연구자들이 개발한 방법론들이 있다. 대표적으로는 스웨덴 최초이자 최대 규모의 오픈 리빙랩을 자랑하는 FormIT의 방법론, 스마트 어플리케이션 시험을 위해 타이완의 Living Lab Taiwan에서 채택한 SEE(Service Experience Engineering)의 방법론, 벨기에의 정부 주관 실험플랫폼인 iLab.o의 방법론, 기타(Helsinki리빙랩의방법론, Catalan리빙랩의 방법론, Collaboration@Rural(C@R) 방법론, RIM(Rural Inclusion 방법론) 등이 있다. 〈표 2-6〉은 이들 주요 리빙랩 방법론의 핵심 프로세스 및 단계를 정리한 것이다(성지은·송위진·정병걸 외, 2017: 32-46).[19]

19) 서구의 이들 리빙랩 방법론 사례에 대한 상세한 내용은 성지은·송위진·정병걸 외(2017)의 보고서 「국내 리빙랩 현황분석과 발전방안 연구」의 제3장(리빙랩 방법론의 현황과 과제)을 참조할 것.

〈표 2-6〉 주요 리빙랩 방법론의 프로세스 및 단계

방법론	단계/프로세스
Service Experience Engineering(SEE)	① FIND, ② InnovationNet, ③ Design Lab: PoC, PoS, PoB
Helsinki LL	① 기반형성 단계(grounding phase) ② 상호적·반복적 공동설계 단계(co-design phase) ③ 적용 및 실행 단계(appropriation and implementation stage)
Catalan LL	① 집단선택(group selection) ② 혁신장(innovation arena) ③ 맥락 개발(context development)
iLab.o	① 맥락화(contextualisation), ② 구체화(concretization) ③ 실행(implementation), ④ 피드백(feedback)
Rural Inclusion Methodology(RIM)	① 공동체 기획, ② 의사소통 전략 설정 ③ 공동체 관리 과정, ④ 이해관계자 동기 유지
FormIT	① 기획(planning), ② 개념 설계 주기(concept design cycle) ③ 프로토타입 설계 주기(prototype design cycle) ④ 혁신 설계 주기(innovation design cycle) ⑤ 사업화(commercialization)
Collaboration@Rural (C@R)	① 지역사용자 공동체 구축, ② 사용자 참여 ③ 새로운 제품/서비스 개발, ④ 네트워크 및 시너지 창출 ⑤ 실행 연구

*자료: 성지은.송위진.정병걸 외, 2017: 43.

제3장

마을리빙랩: 사회혁신의 기제

제3장
마을리빙랩: 사회혁신의 기제

이 장에서는 '마을리빙랩'에 대해 집중적으로 알아보고자 한다. '마을리빙랩'이라는 용어는 현재 국내의 마을과 관련한 현장 활동에서만 통용된다는 특이성(特異性 specificity)이 있다. 이 말은 '마을리빙랩'이라는 단어가 국내·외를 막론하고 아직 학술적으로 공인되어 사용 중인 용어가 아니며, 따라서 그 개념(concept)과 정의(definition)가 규정되어 있지 않다는 것을 의미한다.

이미 앞에서 살펴본 바와 같이 마을, 공동체, 지역사회 등은 인류의 삶터와 일터로 오랜 세월 동안 탐색 대상이 되어온 주제이며 리빙랩은 21세기 초입에 들어 새로 등장한 개념이다. 두 용어는 역사와 등장 시기가 다를 뿐 아니라 각각이 속해 있는 영역과 범주의 규모, 본연의 특성 또한 다르다. 언뜻 공통점보다 차이점이 더 많아 보이는 이 두 용어는 어떻게 해서 하나의 단어로 묶이게 되었을까? 이 장에서는 이러한 의문점을 가지고 '마을리빙랩'의 등장과 개념 및 특성 그리고 왜 '마을리빙랩'이 우리의 삶에서 중요하고 필요한 주제가 되고 있는가에 대해 살펴보고자 한다.

1. '마을리빙랩' 용어의 등장

'마을리빙랩'은 새로운 용어이다. 그것도 국내의 마을과 관련한 현장 활동에서 주로 통용된다는 특이성(特異性 specificity)이 있는 용어이다. 이 용어 속에는 마을, 리빙랩 등 적어도 두 가지의 개념적 의미가 혼재되어 있다. 하지만 앞서 살펴본 리빙랩의 기원과 정의를 고려해 보면, '리빙랩'이라는 단어와 '마을'이라는 단어가 반드시 결합해야 할 필연성이나 개연성은 뚜렷하지 않다.

실제로 리빙랩의 선진 지역인 북유럽과 미국 등 서구의 사례에서 확인할 수 있듯이 초기의 리빙랩 실험은 개인이나 소규모 집단이 안고 있는 '특정한 문젯거리'를 대상으로 실행되어왔다. 예를 들어, '리빙랩'이라는 용어의 창시자로 언급되는 MIT 미디어랩의 W. 미첼의 첫 번째 리빙랩 실험은 ICTs(정보통신기술) 시스템이 갖추어진 1,000평방미터 규모의 단일한 실험공간(Place Lab)에서 진행한 것이었다. 주거공간에 설비된 첨단 ICTs 환경이 거주자의 삶을 어떻게 변화시킬 것인지 확인하려는 실험이었다.

더욱이, 서구의 연구자들이 리빙랩을 통해 해결하고자 하였던 대부분의 문제들은 신기술 개발과 관련한 상품 및 서비스의 개선방안들이었다. 다만, 이러한 문제를 해결하는 과정에서 전통적인 프로젝트의 접근법(실험실 중심, 개발자 중심, 관청 및 연구소 주도의 top-down 방식)이 사용자(소비자) 주도, 실생활 환경이라는 현장 중심, 시민-공공-연구기관-기업이 연계된 공동창조 및 bottom-up 방식의 리빙랩 접근법으로 이행하는 변화가 있었다. 이렇게 볼 때, 최초의 리빙랩은 물론이고 대다수의 리빙랩 실험활동이 마을과 같은 대규모의 집단 혹은 집합체, 공동체 단위에서 실행된 것이 아님을 확인할 수 있다.

그런데 현재 국내의 다양한 리빙랩 활동들은 대개 '마을리빙랩'이라는 하나의 단어로 불리고 있다. '리빙랩'이라는 단어에 '마을'이 접두어로 덧붙어 완전히 한 단어로 명명되어 쓰이는 상황이다. 그렇다면 언제부터 '마을리빙랩'이라는 통합된 단어가 등장하였을까? 이렇게 두 단어가 결합하여 쓰이기 시작한 정확한 시기를 특정하기는 어렵다. 그러나 과학기술정책연구원(STEPI)이 리빙랩을 국내에 소개한 시점이 2000년대 초반이고 이를 토대로 실천적인 실험활동이 현장에서 본격적으로 실행되기 시작한 시점이 2013년인 점을 고려할 때, 아마도 2010년대 중반을 넘어선 시점부터 주민, 마을활동가, 연구자 등 리빙랩 참여자들이 '마을' 영역에서 '리빙랩'이라는 개념을 염두에 두기 시작하였다고 판단된다.

실제로 2011년부터 '에너지 자립마을' 운동을 펴온 서울 동작구의 성대골은 2016년에 에너지 전환을 위한 리빙랩을 실행하였다. 현재까지 미니태양광 보급 운동을 비롯해 마을 단위에서 다양한 에너지 전환 실험을 해오고 있는 성대골의 사례가 마을리빙랩의 효시로 인정될 수 있을 것이다. 연구기관 소속 연구자들의 보고서에서도 이 시점에 이르러 이러한 내용을 확인할 수 있다(성지은 · 한규영 · 정서화, 2016; 성지은 · 한규영 · 박인용, 2016). 보고서, 학술대회발표 자료, 논문 등 공식적인 학술자료에 '마을'과 '리빙랩'이라는 두 단어가 동시에 기술되었거나, 내용상으로 리빙랩 사업에서 마을을 대상으로 한 광범위한 조사와 공식적인 보고가 이루어진 시점은 2018년부터로 확인되고 있다(김준한 · 한재각, 2018; 시민참여연구센터 · 대전마을활동가포럼, 2018). 특히, 두 단어가 '마을리빙랩'으로 통합되어 마을 곳곳에 현수막이나 포스터로 걸리기 시작한 시점도 2018년부터로 보인다(시민참여연구센터 · 대전마을활동가포럼, 2018; 대전광역시 사회적자본지원센터, 2019; 박혜경, 2021b; 박혜경, 2021c).[20]

20) 대전의 경우, 마을공동체 중간지원조직인 〈대전광역시 사회적자본지원센터〉가 2019년

그런데, 이처럼 '마을리빙랩'이라는 하나의 단어가 출현하여 현장에서 통용되고 있다는 것은 무엇을 의미하는 것일까? 다시 말해, 띄어쓰기조차 없이 단일한 단어로 사용되고 있는 '마을리빙랩'은 개념 정의 차원에서 어떤 의미를 갖는 것일까? 언어학적 차원에서 볼 때 이러한 형태의 표현을 쓰게 되면 '마을'과 '리빙랩'이 끊임없는 상호작용을 반복함에 따라 이제 그 인과관계가 확인되기 어려운 상태로 융합되었음을 의미한다. 과거에 과학(science)이라는 단어와 기술(technology)이라는 단어가 서로 다른 위계와 특성들을 가진 개념으로 구별되어 쓰이다가 현대사회에 이르러 '과학기술'이라는 한 단어로 통합되어 쓰이는 용례가 바로 이와 같다.

따라서 현재 국내에서 '마을리빙랩'이라는 용어가 현장 활동에서 통용된다는 것은, 마을과 리빙랩 활동이 아주 오랫동안 깊이 상호작용함으로써 이제 두 단어가 서로 분리할 수 없이 질적으로 통합된 상관관계(co-relation)에 놓이게 되었다는 것을 의미해야 한다. 그런데 과연 현재 국내의 리빙랩 활동이 '마을리빙랩'으로 불릴 만큼 긴밀한 관계하에서 오랜 시간을 거친 역사성을 가지고 있다고 보아야 할까? 필자의 견해로는 아직 국내의 리빙랩 활동이 이러한 단계에 이르지는 못했다고 판단된다.

하지만 필자는, 이러한 통합된 단어의 사용은, 마을에서 이루어지는 리빙랩이 미래지향적인 차원에서 새로운 의미를 함축하는 단계로 나아갈 필요가 있다는 점에서 당위적인 쓸모가 있다고 생각한다. 즉, 마을에서 실험하는 리빙랩 활동은 '마을리빙랩'이라고 쓰고 '마을공동체

전후부터 대전지역 마을을 단위로 '마을 리빙랩 시범지원 사업'을 광범위하게 펼치면서 보고서 및 정책, 교육 활동 자료 등에 '마을 리빙랩'이라고 표기하여 쓰기 시작하였고, 시범사업에 선정된 마을공동체 소속 주민들도 이 시기를 지나면서 실험활동 과정에서 '마을리빙랩'이라는 문구가 들어간 현수막, 팸플릿, 안내장 등을 제작·활용하기 시작하였다.

의 혁신을 목적으로 첨단 과학기술을 적극적으로 채용한 실험이 마을 전체의 영역에서, 마을 전체 구성원의 주도로, 마을의 지역성·공생성·공속성·공동체성을 위해 수행되는 과정이자 플랫폼'이라고 그 정의가 확장될 필요가 있다. 마을리빙랩이 이러한 의미를 갖는다는 것은 곧 "마을공동체가 보다 큰 체계인 사회혁신의 차원을 향해 전환"될 수 있음을 의미하는 것으로 이해될 수 있다,

다음으로 궁금한 점은 어떻게 하여 '마을리빙랩'이라는 단어가 단일한 용어로 출현하여 상용화되기에 이르렀을까 하는 점이다. 이 단어가 아직은 학술적으로 정돈되지 않은 채 실생활 현장에서 통용되는 실정이지만, 현장조사 및 경험 연구가 관련 분야의 이론화 작업에 토대가 된다는 점을 고려하면 '마을리빙랩'이라는 용어의 출현 배경을 이해하는 것은 중요하다.

마을리빙랩이라는 용어 등장의 배경으로 다음의 몇 가지의 요인이 연관되었다고 판단된다. 첫째, '마을리빙랩'은 국내에서 오랜 시간에 걸쳐 진행되어온 마을공동체 및 마을만들기 운동의 연장선에서 출현하였다고 볼 수 있다. 국내의 마을과 관련한 사회운동의 흐름은 지방자치시대가 열린 1990년대에 시작되어 2000년대 들어 '마을만들기'로 용어가 통일되었다. 이처럼 오랜 역사를 가지고 있는 마을만들기의 맥락이 2010년대 중반을 지나면서 리빙랩과 결합하게 된 것으로 보인다. 실제로 리빙랩 실험에 참여하거나 지원하는 주체들의 경우 마을공동체 활동은 물론 유사한 자치활동에 오랜 기간 참여한 사람들이 많다.

둘째, '마을리빙랩'의 등장에는 '리빙랩'의 급속한 부상이 도화선이 되었다고 볼 수 있다. 마을만들기를 포함한 지역사회 운동 등은 지난 한 세대의 시기를 지나면서 특수성이나 특이성을 담보하기 어려울 정도로 보편화되었으며, 그 결과 운동이 새로운 단계로 도약할 시기에

다다른 상황이었다. 그런데 이러한 상황에서 2010년대 중반에 '새로운 마을 혁신의 수단이자 플랫폼'으로 소개된 리빙랩은, 마을운동의 흐름을 급속히 바꿀 수 있는 계기가 되었을 것으로 보인다.

셋째, 2015년을 기점으로 4차 산업혁명의 시대가 예고되면서 이러한 물결은 리빙랩의 확산을 한층 자극하는 배경이 되었다고 판단된다. 4차 산업혁명은 2015년 세계경제포럼(WEF)의 회장이었던 클라우스 슈밥(Klaus Schwab)이 AI(인공지능), 자율주행, IoT 등 빅데이터 기반의 첨단 과학기술의 융·복합이 이전의 산업혁명과는 질적으로 다른 '사이버-물리시스템 시대', 즉 '4차 산업혁명(The Forth industrial Revolutuion) 시대'를 가져올 것이라고 선언하면서 시작되었다(Schwab, 2016). 특히, 4차 산업혁명의 토대 기술이라고 볼 수 있는 빅데이터(Big-Data)의 기초 자원(resources)으로서 ICTs(정보통신기술)의 광범위한 보급 및 활용은 리빙랩의 등장과 확산에 직접적인 영향을 주었다. 2000년대 초반 미국과 북유럽의 연구자들이 리빙랩 실험활동에 대부분 ICTs 및 관련 센서(sensor) 기술을 활용했기 때문이다. 그리고 앞서 국내의 리빙랩 사례에서도 확인한 바와 같이, 우리나라의 다양한 리빙랩 성과의 기저에도 ICTs의 활용이 탄탄한 배경이 되고 있다. 나아가, ICTs를 활용한 리빙랩의 이러한 성과들은 마을공동체 활동과 자연스럽게 상호작용하면서 '마을리빙랩'이라는 용어의 등장을 촉진하였다고 판단된다.

2. 마을리빙랩의 개념 및 특성

마을리빙랩의 개념과 특성을 정리해보기에 앞서 마을리빙랩과 리빙랩의 차이과 공유점, 마을만들기와 마을리빙랩의 차이와 공통점에 대해 살펴볼 필요가 있다.

먼저, 마을리빙랩과 리빙랩은 어떠한 점에서 차이가 있고 또 유사함이 있을까? 리빙랩은 현재 일상생활 시험실, 우리 마을 실험실 등의 간략한 별칭으로 정의되기도 한다. 또, ENoLL(2015)이 제시한 특징으로는 능동적인 사용자의 참여, 실생활 배경의 혁신 활동, 다수의 이해관계자 참여, 복합적이고 다양한 방법론적 접근, 공동창조의 과정 등이 언급되고 있다(ENoLL, 2015).

그런데 여기서 확인할 수 있는 점 중의 하나는, 리빙랩의 개념과 특징에 '과학 및 기술의 사용'과 같은 전제가 명시되어 있지는 않다는 점이다. 그러나 미국과 북유럽의 리빙랩 활동과 국내의 리빙랩 활동을 보면 ICTs(정보통신기술), 정보통신 유관 기술, 신(新)기술, 첨단기술의 활용 그리고 그 성과물의 상용화 등이 암묵적인 약속처럼 받아들여지고 있다. ENoLL(2015)이 제시한 리빙랩의 특성에 혁신(innovation), 신기술, 기술 연구개발자와 제공자 등의 키워드가 빈번하게 등장하고 있으며 초기의 리빙랩 실행자인 연구자들도 R&D 활동의 연장선에서 리빙랩이라는 영역을 개척하였기 때문이다. 이렇게 볼 때, 리빙랩 본연의 특성은 과학기술, R&D(연구개발 Research and Development) 등과 밀접한 관련이 있다고 하겠다.

반면, 현재 마을리빙랩이라는 이름으로 행해지는 다양한 실험활동 중에는 반드시 과학기술과 관련한 솔루션 적용, 성과 축적 등이 연관되지 않은 활동들도 마을리빙랩 활동의 일환으로 다양하게 수행되고 있다. 마을이 안고 있는 주차, 쓰레기, 교통, 에너지, 안전, 생활환경(악취, 수질 문제 등) 등 모든 영역의 문제들이 마을리빙랩 활동 중에 포함되어 있지만 이 중 일부만이 기술을 활용한 솔루션으로 문제해결에 접근하고 있다. 이렇게 볼 때, 리빙랩은 본래적으로 과학기술, R&D에 기반한 혁신 활동이라는 특성을 가지며 이 점에서 마을리빙랩의 일반적인 활동들과 차이가 있다고 하겠다.

하지만 ENoLL(2015)의 리빙랩의 정의와 특성 그리고 리빙랩 접근법이 이처럼 협의의 과학기술 기반 그리고 연구개발(R&D) 개념에 머물러 있지 않음도 분명하다. 국제기구인 OECD(경제협력개발기구)는 R&D를 '인간 · 문화 · 사회를 망라하는 지식의 축적분을 늘리고 그것을 새롭게 응용함으로써 활용성을 높이기 위해 체계적으로 이루어지는 창조적인 모든 활동'이라 정의하고 있다. 국제회계기준위원회(IASC)에서는 R&D에 대해 '연구(research)'를 새로운 과학적 · 기술적 지식과 이해를 얻기 위하여 행해진 독창적 · 계획적 조사로, '개발(development)'을 상업적 생산이나 사용하기 이전에 새로운 또는 개량된 재료 · 장치 · 제품 · 제조법 · 시스템 또는 서비스 생산계획이나 설계에 연구 성과와 다른 지식을 적용하는 것으로 (구분하여) 정의하고 있다(기획재정부, 2017).[21]

이러한 개념 정의로 볼 때, R&D가 좁게는 과학기술의 영역에 한정하고 있지만 넓게는 인간, 사회, 문화 등 전(全)사회 영역에 걸쳐 폭넓게 정의되고 있음이 확인된다. 또, 앞서 기술하였던 바와 같이 리빙랩의 정의와 특성 그리고 리빙랩 접근법과 관련한 리빙랩 관련 연구자들 및 ENoLL의 정의 등을 종합할 때 리빙랩과 관련한 연구개발(R&D)의 개념은 과학기술을 중심으로 한 협의로도, 또 사회 전반의 문제를 포괄하는 광의로도 적용할 수 있는 혁신의 과정이자 플랫폼이

---

21) 한국산업기술진흥협회는 R&D를 기초연구, 응용연구, 개발연구로 구분한다. 기초연구란 지식의 진보를 목적으로 행하는 연구로 특정 응용을 노리지 않는 것, 또는 특정의 사업적 목적없이 과학지식의 진보를 목적으로 하는 연구활동을 말한다. 응용연구란 지식의 진보를 목적으로 행하는 연구로 실제 응용을 직접 노리는 연구 활동, 또는 제품과 공정에서 특정 상업적 목적을 가지고 행한 연구활동을 말한다. 개발연구란 기초연구 및 응용연구 등에 의한 기존 지식을 활용해 새로운 재료, 장치, 제품, 시스템, 공정 등의 도입 또는 개량을 목적으로 한 연구활동을 의미한다. 경제학의 내생적 성장이론(endogenous growth theory)에서는 R&D에 의한 기술진보를 경제성장의 원동력으로 설명하기도 한다(기획재정부, 2017).

라고 할 수 있다. 이렇게 본다면, 리빙랩과 마을리빙랩의 공통분모는 분명히 존재한다.

또, 마을리빙랩은 리빙랩의 기본적인 운영원칙을 공유하는 특성이 있다. 즉 사용자 중심, 현장 중심, 문제해결에 초점이 있다. 특히, 마을리빙랩의 많은 사례들을 볼 때, 마을의 문제해결의 방식으로 리빙랩 출현의 근본적 배경이 된 과학기술의 실용화, 상용화, 사업화 등과 연관된 기술의 적용, 신기술 아이디어 도출, 프로토타입의 제작 등을 실행하고 있음이 확인된다. 이 점은 마을리빙랩이 리빙랩의 '혁신(innovation)'개념을 공유한다고 할 수 있다. 나아가 마을리빙랩은 궁극적으로 작은 사회로도 이해될 수 있는 '마을'의 혁신을 지향한다는 점에서 리빙랩과 궁극적인 지향점을 공유한다는 점에 이의가 없다.

다음으로, 마을리빙랩은 마을만들기와 같을까, 다를까? 마을리빙랩은 '살기 좋은 마을'이라는 목표와 지향점을 강조하는 마을만들기와 궁극적인 지향점에서는 차이가 없을지라도, 그 실천적인 활동 과정과 성과 측면에서 적지않은 차이가 존재한다. 마을리빙랩은 리빙랩과 마찬가지로 '혁신'을 지향한다. 따라서 마을리빙랩을 마을만들기의 21세기 버전(version) 정도로 이해하는 것은 적합하지 않다. 왜냐하면, 친밀성과 유대를 강조하는 마을만들기의 흐름과 신기술을 활용하여 마을의 혁신을 추구하는 흐름은 참여자들의 활동 과정(process)과 성과(outcomes)에서 적지 않은 차이를 나타낼 수 있기 때문이다.[22)]

지금까지 논의한 내용들을 토대로 마을리빙랩의 특성을 리빙랩 및 마을만들기와 비교하여 정리해보면 다음의 몇 가지로 요약할 수 있다. 첫째, 주체의 변화, 즉 다중(多衆 multitude)의 출현을 엿볼 수 있다. 다중(多衆 multitude)은 이탈리아의 정치철학자이자 사회학자인

22) 또한 '마을계획'으로 실행되는 마을만들기의 구체적인 프로세스와 활동을 비교하게 되면, 둘의 차이는 더 뚜렷해진다. 이와 관련한 차이점은 5장에 기술하였다.

A. 네그리와 미국의 정치철학자인 M. 하트가 《제국》(2001), 《다중》(2008) 등에서 내세운 용어로 '각자의 정체성을 가지며 개별적으로 행동하고, 특정한 사안에 동의할 때 개별성을 유지하면서 공동으로 행동하는 사람들'을 일컫는다. 단순히 많은 수의 일반인들을 지칭하는 '대중(大衆)'과 다르고, 동일한 목적의식을 가진 사람들인 '민중(民衆)'과도 구분되는 개념이다(안토니오 네그리 · 마이클 하트 · 윤수종, 2001; 다나카 마사토 · 가츠키 타카시 · 황명희, 2020: 262-263).

실제로 지역사회에서 마을리빙랩에 참여하는 행위자들은 남녀노소의 구별이 없다. 또, 활동 과정에 특정한 정치적 입장이 강조되지도 않는다. 지역의 공동체 활동 등에 참여한 경험자들이 참여자 가운데 상대적으로 높은 비중을 차지하고 있기는 하지만 처음 리빙랩 활동에 참여한 노인, 아동, 주부에서부터 통 · 반장, 주민자치회 소속 주민, 자율방범대 대원, 그리고 마을에 일터를 두고 있는 다양한 직업군에 종사하는 주민, 단체 활동가, 지원 세력인 각 분야 전문가 등 참으로 다양한 행위자들이 참여한다. 특히, 이들의 참여는 '마을이 안고 있는 문제의 해결'이라는 공동의 목표에 따라 '자발적'으로 이루어지는 형태여서 다중의 개념과 잘 맞닿아 있다. 그리고 이러한 특징은 '개방형 혁신(open innovation)'이라는 리빙랩의 철학과도 일맥상통한 것이다.

둘째, 활동 영역에 제한이 없다는 점을 확인할 수 있다. 1990년대에 활성화된 국내의 시민운동은 자연스럽게 마을만들기 운동과도 연관되었는데, 마을만들기 운동은 공익 증진, 민주주의 달성 등과 같은 거시적 목표를 지향하는 시민운동의 영역에 포괄되어 있었다. 이러한 흐름은 환경, 노동, 소수자 등의 영역을 전문화와 부문화라는 이름으로 개척한 이른바 신(新)사회운동 혹은 정체성 운동의 범주에 속한 운동이었으며 따라서 그 활동도 정치적, 정책적 활동을 강조하는 경향이 강했다. 반면, 최근의 마을리빙랩 활동은 마을이 안고 있는 주차, 쓰레기, 교통, 에너지, 안전, 생활환경(악취, 수질 문제 등) 등 마을의 모든 영역의 문제들을 발굴하여 해결하고자 한다. 모든 실생활 영역으로 활동의 비중이 고르게 확장되면서 기존의 정체성 운동과 차원을 달리하고 있다고 하겠다.

셋째, 활동의 궁극적인 목표의 차이를 볼 수 있다. 마을리빙랩은 신기술과 첨단 과학기술을 활용하여 마을이 안고 있는 문제를 실질적으로 해결하려는 목표를 가지고 있다. 이러한 솔루션(solution)의 추구는 기존의 마을활동이나 시민운동에서 추구하던 '정치(쟁점)화'와는 분명히 다른 것이다. 정치적 이슈가 활동의 전면에 부상하기보다, 참여자들의 자치(自治)와 마을의 실생활 영역에서 발굴한 '문제의 해결'에 중점을 둠으로써 사회혁신과 민주주의의 절차적 경험의 기회를 더욱 확장해주고 있다.

넷째, 솔루션(solution)의 차이가 뚜렷하다. 앞서 리빙랩의 기원과 발전에서 살펴본 바와 같이, 리빙랩은 특정한 문제에 맞닥뜨렸을 때 그것을 해결하기 위해 '과학기술의 다양한 방법 등을 동원하는' 새로운 혁신으로서의 솔루션(solution)을 추구한다. 마을리빙랩은 '마을공동체에서 실행하는 리빙랩'에 해당하기 때문에 리빙랩과 유사한 솔루션을 추구한다는 공통점이 있다. 그러나 마을만들기 운동에서는 특정한 솔루션을 적용하기보다 '살기 좋은 마을'과 같은 당위적인 가치의 실현을 중시한다는 점에서 다른 두 활동과 솔루션 적용에 방법론적 차이를 가지고 있다.

다섯째, 인식론과 방법(론)의 차이가 확인된다. 마을리빙랩은 리빙랩과 동일하게 사회구성주의적 인식론의 입장에 서 있다. 따라서 마을리빙랩은 행위자, 실생활 환경, 기타 마을리빙랩의 활동에 관여하는 다양한 인간행위자와 비(非)인간행위자 간의 지속적인 상호작용을 통해 마을공동체의 구성(construction)을 도모하는 입장을 강하게 견지한다. 마을만들기 역시 자발성에 기반한 살기 좋은 마을의 형성에 목적을 두고 있지만 이미 설정된 거시적인 목표의 실현을 도모하는 특성이 강하다는 점에서, 마을리빙랩과 인식론적 접근에서 차이가 있다.

지금까지 살펴본 바와 같이 마을리빙랩, 리빙랩, 마을만들기 등은 참여 주체, 활동의 영역 및 과정, 적용하려는 솔루션의 종류 등 여러 측면에서 차이를 가지고 있음이 확인되었다. 그러나 이들 세 활동은 모두, 다음과 같은 공통점을 지닌다. 첫째, 세 활동은 공히 삶터와 일터로서 '실생활 현장'을 직접적인 활동의 대상으로 삼고 있다. 둘째, 세 활동은 모두 '시민'을 주요 행위자로 설정하고 있다. 따라서 정부·기업·정책 및 행정 전문가·과학기술 연구자 등은 주요 행위자의 협력자로서 역할을 갖는다. 셋째, 세 활동은 활동의 목표 성취보다 '활동의 과정(process) 그 자체'를 중시하는 특성이 있다. 이 특성은 관료중심의 정책·행정, 연구자 중심의 R&D, top-down 방식의 업무 프로세스 등 기존의 문제해결 패러다임(paradigm)과 대조적이다. 따라서 세 활동은 여러 측면의 차이에도 불구하고 '시민주도의 자치(自治)적인 사회혁신의 지향'이라는 공통의 맥락에 연결되어 있다고 할 수 있다.

3. 마을리빙랩의 필요성·중요성

마을에서 리빙랩 활동을 수행하는 것, 즉 마을리빙랩의 실행은 어떠한 의미에서 필요성과 중요성을 가질까? 다음의 몇 가지 이유를 제시할 수 있다.

첫째, 마을리빙랩은 실험을 수행하는 공간의 로컬리티(locality)를 찾고 구축할 수 있는 효과적인 방법이자 과정이 될 수 있다. 로컬리티란, "로컬(local)의 사회·경제 조직과 활동이 시간·공간을 매개로 어떻게 이루어지며, 형성된 사회·경제 공간은 로컬 사람들의 인식과 실천에 어떠한 영향을 미치는가?를 이해하기 위한 틀(frame)"로 개념화되어 있다(박규택, 2009: 136). 다시 말해 로컬리티는, 지역의 주체들이 고유한 정체성을 형성하는 장(場)으로서 공간의 개념을 포함하며 동시에 오랜 시간에 걸쳐 정체성을 형성한다는 점에서 시간성의 개념도 포함하고 있다고 하겠다. 또, 지역 주체들의 삶터와 일터로 구축된 사회·경제적 조직과 주체들의 활동이 특정한 공간에서 특정한 시간을 관통하며 어떻게 상호 영향을 주고받는가에 대해 설명하려는 개념이다(차철욱 외, 2017; 오세정, 2020: 184-186).

Twigger-Ross & Uzzzell은 로컬리티를 보다 구체적으로 한 개인이 장소나 지역과의 관계 속에서 정체성을 형성하는 과정은 특이성, 연속성, 자기존중, 자립도와 관련 있다고 하였다. 여기서 특이성은 주민이 장소에서 나타나는 차별화된 생활양식을 통해 정체성을 확립하는 것이고, 연속성은 장소의 자연적 특징과 환경이 과거의 행동이나 경험에 준거의 틀로 이용되어 정체성을 형성하는 것을 말한다. 자기 존중은 장소 소속감을 통해 자기에 대한 긍정적인 평가를 내리는 것이고, 마지막으로 자립심은 주어진 지역 환경 속에서 원하는 수요에 대한 충족을 할 수 있다는 믿음과 관련된 것이라고 하였다(최재헌, 2005). 따라서 지역에서 로컬리티를 찾는다는 것은 곧 해당 지역의 고유성을 깊이 천착한다는 의미와 통한다. 마을리빙랩은 다수의 참여자가 마을의 문제를 발굴하고 주민주도의 협력체계를 통해 발굴한 문제를 해결해 나가는 개방형 혁신체계로, 그 과정 자체가 로컬리티를 형성해 나가는 중요한 축이 될 수 있다.

둘째, 마을리빙랩 활동은 마을의 공동체성(communality)을 회복하는 과정에 직접적인 도움을 줄 수 있는 활동이라는 점에서 그 필요성과 중요성을 강조할 수 있다. '공동체성'이란 공동체를 지속하고자 하는 속성이다. 그런데 이 개념은 공동체의 정의, 즉 특정한 장소(공간, 지역)를 중심으로 개인들이 추구하는 공생성, 공속성을 전제로 하고 있으며 친밀성, 정감, 호혜, 네트워크, 유대, 연대감 등 다양한 사회적 자본을 포함하는 개념이다. 따라서 공동체성은 로컬의 주체들이 자신들의 정체성을 형성하는 시간과 공간으로서의 지역(로컬)에서 깊은 유대와 소속감을 공유하며 '계속 더불어 살아가려는' 속성이라고 정리할 수 있다. 따라서 마을과 지역에서 공동체성을 회복하려는 것은 글로벌화(globalization)의 흐름 속에서 퇴색된 공동체의 속성을 로컬리티의 발견과 연계하여 새롭게 회복해나가려는 시도가 될 수 있다. 이러한 의미에서 4P 체계(Public-Private-People Partnership) 하에서 서로 다른 이해관계자들이 유연한 공동창조, 협업을 이루어나가는 리빙랩의 원칙은 마을리빙랩 활동을 통해 마을의 공동체성을 실질적으로 회복하는데 효과적으로 기여할 수 있다.[23)]

셋째, 마을리빙랩은 그 실험활동 과정을 통해 마을구성원의 자치성을 제고할 수 있다는 중요한 의미를 가진다. 마을리빙랩은 실험과정과 솔루션을 적용하는 과정에서 행위자들 간에 자유로운 의사소통과 공론화를 거친다. 또, 공론화에 따라 주민 각자가 직접투표와 같은 방식을 통해서 마을에서 개선하고자 희망하는 실험의제를 스스로 결정한다. 그리고 결정한 실험의제의 해결 과정에 자발적으로 참여한다. 이러한 일련의 과정적 경험은 마을리빙랩에 참여하는 행위자의 자치역량 제고에 직접적이고 긍정적인 영향을 미친다. 필자의 경험으로 보아 모든 마을리빙랩 활동에서 참여자들은 자발성, 자치 역량, 책임성, 신뢰감, 자신감, 문제해결능력, 상호작용 역량, 협동심, 배려 등 다

---

23) 공동체성의 회복은, 공동체성의 상실과 퇴색으로 인해 현대사회에서 빈번하게 발생하는 일탈, 범죄, 사회부조리 등을 개선하는 데에도 도움을 줄 수 있다.

양한 가치들을 공히 성취한다. 마을리빙랩의 실험활동 자체가 자신들의 실생활 환경과 밀착되어 있기 때문에 그들의 경험은 리빙랩의 의미처럼 '살아 있는' 체험이 되고 있음이 예외 없이 확인되고 있다고 하겠다.[24)]

넷째, 마을리빙랩은 4차 산업혁명이라는 큰 물결이 밀려오는 시점에서 신기술과 첨단과학기술을 활용하여 마을, 로컬, 지역공동체의 사회혁신을 이끌 수 있다는 점에서 미래적 가치가 높은 활동이라고 할 수 있다. 특히, 코로나19를 겪으면서 마을 구성원들의 깨진 유대는 리빙랩의 주요한 솔루션 수단인 ICTs를 활용해 만남을 중단하지 않음으로써, 또 새로운 형태의 비대면 만남을 지속적으로 확대해 나감으로써 회복될 수 있었음을 우리는 경험적으로 확인한 바 있다. 이러한 의미에서 기술 기반의 실험활동을 강조하는 마을리빙랩은 그 중요성과 필요성이 향후 더 커질 것으로 예상된다.

마을에는 공동체성을 회복할 수 있는 속성과 기제가 있다. 마을의 구성원들은 일하고 생존을 유지하기 위해 끊임없이 일상을 반복하며 상호작용한다. 그리고 리빙랩은 이러한 실생활 환경 속에서 문제를 찾고 해결하는 것을 목적으로 하는 실천적 활동이다. 따라서 마을은 리빙랩을 적용하기에 매우 효과적이며, 실험의 규모 면에서도 아주 적정한 단위라고 할 수 있다. 마을의 지역성과 공동체성을 회복·구축하기 위해서는 구성원들의 자치 역량 강화, 호혜, 유대, 협력, 통합, 배려 등의 세부 요소들이 성숙되어야 한다. 이러한 요소들은 모두 마을공동체 구성원들의 직접적이고 반복적인 상호작용을 통해 형성된다. 이것은 곧 마을에서 리빙랩 실험을 실행하는 것이 이러한 가치 회복

---

24) 이와 관련한 상세한 내용은 제5장. 마을리빙랩의 실험과정과 제6장. 마을리빙랩의 솔루션 실행체계에서 상세히 다루었다. 특히 이 두 개의 챕터에서 리빙랩 실험을 실행한 몇 개 마을의 사례를 소개하고 있으므로 보다 구체적인 마을리빙랩의 과정과 유용성을 확인할 수 있을 것이다.

에 실질적인 효과를 가져다 줄 수 있는 중요한 활동이자 매우 필요한 과정이 될 수 있음을 말해준다. 개별적인 마을 단위에서 실행한 마을리빙랩은 또 다른 마을리빙랩을 실험한 마을과 연계됨으로써 보다 큰 차원의 지역사회, 나아가 전 사회로 확장될 수 있다. 이러한 확장의 연쇄를 통해, 마을리빙랩은 사회혁신의 전환을 가져올 수 있는 기제로 작동할 수 있다.

제4장

리빙랩 대상으로서 마을공동체

제4장
리빙랩 대상으로서 마을공동체

이번 장에서는 마을리빙랩의 대상으로서, 마을공동체를 어떻게 이해할 것인가에 대하여 기술하고자 한다. 마을은 주민들의 살아있는 일상생활의 현장, 일상의 상호작용이 일어나는 준거(準據) 공간이다. 이러한 점에서 마을은 리빙랩의 일차적인 실험 대상으로 아주 적합하다. 리빙랩이 실생활 환경에 기반한 사용자 주도의 실험 원칙을 규정하고 있기 때문이다.

마을공동체를 리빙랩의 대상으로 온전히 이해하려면 마을공동체의 여러 측면을 면밀하게 살펴보아야 한다. 즉, 마을의 전체 구조, 구조를 지탱하는 하위 요소(제도, 조직, 집단)들과 그 요소들 사이의 체계(짜임새), 요소들이 수행하는 기능 등을 우선 탐색해야 한다. 기능론(functionalism)은 사회의 이러한 측면에 주목하는 관점이다.

그러나 마을 분석에서 빠뜨리지 말아야 할 핵심 요소는 역시 사람(행위자)이다. 또, 마을의 구조와 기능을 유지하는 핵심 메커니즘은 행위자들의 반복적인 상호작용이라고 볼 수 있다. 상호작용론(interactionism)은 구성원들의 상호작용 과정과 그 과정에서 출현하는 다양한 사회적 요소들(유대, 소속감, 정체성 등)을 통해 사회구조가 형성된다고 보는 관점이다.

마지막으로 갈등론(conflict theory)은 사회를 이해관계가 다른 구성원들의 부, 권력 등을 둘러싸고 일어나는 갈등의 장(場)으로 이해하는 관점이다. 이 관점은 갈등을 필연적이고 불가피한 요소이자 사회의 진보를 이끌어가는 핵심 동인(動因)으로 바라본다. 이 장에서는 사회를 바라보는 이러한 세 관점에 기초하여 리빙랩 대상으로서 마을공동체를 어떻게 분석하고 이해해야 하는지 살펴보고자 한다.[25)]

1. 마을의 구조와 기능

기능론(functionalism)의 관점에 뿌리를 두고 있는 사회체계(social system) 이론과 구조기능주의(structural-functionalism) 이론은 사회학 이론의 주요 유형으로, 마을과 지역사회 등을 분석하는데 유용한 접근으로 꼽힌다. 특히, 하나의 작은 사회로서 마을의 전체 구조와 체계 및 제도를 이해하고 그 기능을 분석하고자 할 때 우선 적용할 수 있다.

1) 마을의 구조와 체계

마을이나 지역사회는 예외 없이 일정한 공간을 점유하고 그 공간 내에 구조(structure)와 체계(system)를 갖추고 있다. 따라서 마을의 외형을 이해하기 위해서는 공간구조와 그 체계, 체계들을 연결해주는 연결망(network) 체계를 파악해야 한다.

먼저, 마을의 외형을 이해하기 위해 공간구조와 그 체계를 이해할 필요가 있다. 마을은 외형적 공간이 일정한 사회체계로 구조화되어

---

25) 마을공동체로서 마을에서 리빙랩 활동을 수행하는 것은 다른 사회체계의 단위나 조직(집단, 대학, 연구소, 기타 기관 등)을 대상으로 리빙랩을 수행하는 작업과 모든 면에서 일치하지는 않는다. 마을리빙랩의 대상으로서 마을은 일종의 작은 사회에 해당한다. 따라서 작은 사회의 하나로 마을을 이해하기 위해 사회이론을 적용해야만 한다.

있다. 사회체계론은 '사회체계(social system)란, '둘 또는 그 이상의 사람 또는 집단 간의, 사회적으로 유의미한 관계가 고도로 조직화 된 것 또는 그러한 관계가 지속성을 갖는 것'으로 정의하고 있다(Poplin · 홍동식 · 박대식, 1985: 162-168; Poplin · 김경일, 1985). 사회체계이론은 마을 혹은 지역사회가 행위자의 지위(status)와 역할(role), 지위와 역할의 집합체인 집단(group), 집단을 기본단위로 구성되는 정치 · 경제 · 교육 · 문화 등의 사회 제도(social institution), 사회 제도들이 일정한 위계적 체계에 따라 축적된 사회로 이루어져 있다고 분석한다. 따라서 역으로 마을이나 지역사회의 구조를 분석할 시에는 '사회-제도-집단-지위 · 역할(행위자)'로 이어지는 사회체계의 틀을 적용할 수 있다.

그러나 사회체계 이론을 적용하여 마을 및 지역사회를 분석할 때 주의할 점도 있다. 모든 집단이 제도를 매개로 그보다 더 큰 지역사회 속에 완전히 통합되어 있지 않은 예외들이 있기 때문이다. 예를 들어 놀이집단, 또래 집단, 범죄집단 등은 제도의 밖에 존재하기 때문이다. 또, 지역사회가 아주 고도로 통합되어 있으며, 모든 하위체계가 다른 하위체계들과 긴밀하게 결합하고 있다고 볼 수도 없다. 대안학교 등 학교 밖에 위치하는 고도의 자율성과 독립성을 가지고 있는 집단이나 제도들이 있기 때문이다. 아울러 마을이나 지역사회의 수준에서 발전되는 독특한(고유한) 제도적 체계의 수와 규모는 사회마다 달라진다는 점도 고려되어야 한다(Poplin · 홍동식 · 박대식, 1985: 168-169). 따라서 마을의 제도와 체계를 이해하려면 마을별로 실생활 현장에서 면밀한 조사분석이 실행되어야 한다.

다음으로, 사회체계를 구성하는 여러 단위 사이에 존재하는 고도의 상호관련성으로서 연결망(네트워크) 체계를 확인할 필요가 있다. 연결망 체계에는 행위자들 간의 연결망, 집단들 사이를 연결해주는 연결망, 제도와 체계들을 연결해주는 연결망 등이 존재한다. 개인들 간에는 행위자 간 네트워크가 형성되어 있다고 하겠으나, 둘 이상의 집단 혹은 제도들과 같이 규모가 큰 단위 간의 연결망 등 여타의 유형들도 체계화되어 있다. 예를 들어 상점과 같은 개별 단위들은 소집단으로 무리를 이룰 수 있고, 이 집단들은 다시 상인연합회 등과 같은 연결망 체계를 구축하고 있음이 확인된다. 따라서 행위, 집단, 제도들 사이의 연결망도 일정한 체계를 이루고 있으므로 이 또한 마을의 외형을 이해하고자 할 때 확인해야 할 대상이다.

2) 제도의 기능

일정한 체계를 이루고 있는 마을이나 지역사회의 구조 속에는 다양한 제도(institution)들이 구축되어 있다. 제도의 유형으로는 정치제도, 경제제도, 교육제도, 가족제도, 문화제도 등이 있는데, 이 제도들은 사회구조의 하위체계를 이루는 크고 작은 단위조직이라고 볼 수 있다. 미국의 사회학자 T. 파슨즈(Parsons)가 주창하고 R. 머튼(Merton)에 의해 계승된 기능주의 이론(functionalism)은 사회를 일종의 유기체로 보고 사회를 지탱하는 이러한 다수의 하위 제도(institution)들의 존재를 탐색한다. 특히, 사회구조 속 제도들은 각각의 고유한 기능(function)을 가지고 있으며 각 제도들이 제 기능을 수행할 때 사회구조의 안정과 질서가 유지된다고 보는 것이 기능주의의 핵심이다. 이 이론에서 '기능(function)'은 '사회조직의 한 단위가 그보다 큰 체계에 제공하는 기여'로 정의된다(Poplin · 홍동식 · 박대식, 1985: 181).

예를 들어, 가족제도의 기능은 가족 구성원이 사회 속에서 잘 적응 · 기여할 수 있도록 '사회화'를 실행하는 것이며, 정치제도의 수행기관인 정부는 사회질서를 위협하는 사람들에게 제재를 가하거나 질서 수립을 위해 법제도를 구축한다. 따라서 마을이나 지역사회를 이해할 때에, 연구 대상인 마을에 사회구조와 체계의 하위 조직 단위로서 어떠한 제도(institution)들이 있는지 또, 각각의 제도들이 기능(unction)을 잘 수행하고 있는지 역기능(dysfunction)적인지, 아니면 아예 기능성이 없는 무기능(non-function) 상태인지 등을 파악하는 것도 빠뜨리지 말아야 할 작업 중 하나이다.

3) 조직·집단·공동체

제도의 탐색과 더불어 또 하나 중요하게 살펴보아야 할 요소는 제도의 사회적 수행자로서의 조직(organization)과 집단(group)이다. 또, 자발적이고 의도적으로 결성한 조직으로서의 공동체(community)에 대해서도 꼼꼼하게 파악해야 한다. 예를 들어, 사회 구성원들의 사회화를 수행하기 위해 특정 사회는 교육제도를 만들고 그것을 수행할 핵심 기관으로 학교조직을 구축한다. 그리고 학교조직 안에는 교사집단, 학생집단, 교육행정집단 등이 꾸려져 있다. 또 학교조직 안의 이 요소들은 교육제도를 지탱하기 위한 그보다 큰 조직체계인 교육청, 교육협의회, 교사연합회 등과 연결망(네트워크) 체계로 결합해 있는 것이다. 따라서 제도와 함께 제도의 기능을 수행하는 역할을 담당하는 조직, 그리고 조직들의 체계에 대한 탐색도 마을리빙랩 연구를 위한 요소분석에서 필요한 작업이다.

아울러 학교, 기업, 군대, 공공시설 등과 같은 공적 조직 외에 사회의 구성원들이 자발적으로 공동의 목표 달성을 위해 구성한 공동체조직들(자생적 공동체, 사회적 기업과 사회적 경제, 자율방범대, 상인회 등)도 사회 속에 다양하게 존재한다. 단체 혹은 집단의 차원으로 구성된 공동체 조직도 있으며 그보다 규모가 큰 연합체 형태의 공동체 조직도 존재한다. 이들 역시 마을을 이해하고자 할 때 살펴보아야 할 대상들이다.

2. 마을의 일상과 문화

매일매일의 생활이라는 의미의 '일상(日常)'은 순환적인 특성 때문에 아주 단조롭게 보이지만, 개인의 일상을 유지하는 구성 요소를 생각해 보면 그 종류와 영역은 매우 광범위하고도 다양하다. N. 엘리아스(Elias)는 일상에 대해 '반복적인 것, 관계화된 것, 안정화된 것, 습관을 의미한다'고 하였다(차철욱 외, 2017: 29). 그리고 이러한 특성 때문에 일상은 가장 늦게 변하고 새로운 변화에 대해서도 가장 늦게 반응하는 보수적이고 저항적인 영역(차철욱 외, 2017: 30)으로 이해된다.

H. 르페브르(Lefèbvre), M. 마페졸리(Maffesoli)를 포함한 일상생활 이론가들이 일상생활(every life) 연구에서 주요하게 탐색한 내용은 일상생활의 역사와 공간, 일상생활의 세계, 하루 24시간, 일상의 노동과 여가, 일상의 사회적 교제와 커뮤니케이션, 일상 속 만남과 단절 등 인간 삶의 전반에 이른다(차철욱 외, 2017: 35; 앙리 르페브르 · 박정자, 2005; 일상성 · 일상성연구회, 2021; 박재환, 2009; Ritzer, 2005: 438-440).

이들의 연구 내용 중에서 H. 르페브르가 언급한 일상성(日常性)은 순환론적 시간관, 시간과 공간의 제한, 상징(symbol)을 중심으로 한 사람 간 관계의 구성, 일상의 기본적인 욕구 충족과 문제해결의 요소로서 시간과 공간 등 다섯 가지의 특징을 갖는다. M. 마페졸리는 '현대사회의 대중들은 자족하는 태도로 현실을 긍정하며 복종하는 것처럼 보이지만 이단적이고 사회적 틀을 벗어나려는 다양성을 지닌다'고 하였다. 또, A. 헬러(Heller)는 일생생활의 구조적 특징을 언급하면서 휴식, 자연을 지배하기 위한 기술, 체계화된 활동, 실용주의, 믿음과 신뢰 등을 추가하였으며 A. 슈츠(Schutz)는 일상 속 개인의 행위를 사회적 행위의 맥락으로 확장하여 경험의 축적, 행위의 선택성을 특징으로 제시하였다. J. 하버마스(Habermas)는 과도하게 성장한 관료정치와 자본의 논리에 의해 침탈당한 생활세계의 회복을 위해 의사소통행위의 중요성을 강조하였다(차철욱 외, 2017: 34-41; 앙리 르페브르 · 박정자, 2005; 일상성 · 일상성연구회, 2021; 박재환, 2009; Ritzer, 2005: 438-440; Ritzer · 한국이론사회학회, 2006: 96-108: 195-198).

이들 일상생활 이론가들이 제시한 '일상성의 특징'들을 종합해볼 때, 이들은 마을을 이해하는데 있어서 함의가 큰 '욕구, 노동, 놀이(휴식)' 등을 강조하고 있다는 공통점이 있다. 또, 일상 속 개인의 행위를 사회적 행위의 차원으로 확장함과 동시에 일상 속 행위의 특징을 '경험(체계화된 활동), 선택적 행위, 실용주의(자연을 지배하기 위한 기술), 믿음과 신뢰' 등으로 폭넓게 제시함으로써 '합리성-가치 중시'의 연계 맥락에서 인간 행위를 이해하고 있다는 점이 확인된다. 일상 속 인간 행위에 대한 이러한 제시는 마을의 구성원들이 자발성과 자치적 태도, 능동적 의지와 동기 등을 드러낼 수 있는 주체임을 보여준다는 점에서 중요한 의미가 있다. 또, 인간이 선택적 행위성을 통해 비결정적인 세계의 자율적 구축 가능성을 시사하고 있다는 점도 마을과 마을의 행위 주체들에 대한 역량의 이해 측면에서 주목되는 대목이다.

개인의 24시간의 일상은 수면-식사-여가-노동으로 구성되어 있다. 이러한 일상은 마을과 공동체 그리고 일상성을 보다 구체화할 수 있는 실천적인 영역들이다. 따라서 마을을 이해하기 위해서는 일상에서 노동, 의사결정, 일상의 의례 등이 어떻게 이루어지는가를 살펴보아야 한다. 아울러 마을구성원인 행위자들의 일상은 의례화된 상호작용에 의해 형성된 일종의 구조와 같다는 점을 고려하여 상호작용 의례의 과정으로서의 행위에 대한 이해도 필요하다(차철욱 외, 2017: 고영복, 2000; 한국문학평론가협회, 2006; 임석진 · 윤용택 · 황태연 · 이성백, 2009).

그러나 마을리빙랩 실험을 위해 개인들의 욕구, 실용주의에 기반한 선택적 행위 등의 항목을 특별히 주목할 필요가 있다. 마을리빙랩은 마을공동체가 안고 있는 지역사회의 문제를 구성원들이 자발적이고 능동적으로 탐색하고, 주민주도로 문제해결을 위한 솔루션을 찾아가는 과정 자체를 중시한다. 마을리빙랩 활동의 핵심 요소들이 일상생활 속 행위의 특성에 모두 담겨있다는 점은 이러한 차원에서 매우 큰 의미가 있다.

한편, 매일의 일상이 가져오는 중요한 영역 중 또 하나는 생활양식, 실천활동의 축적물, 물질적 · 정신적 활동의 총체 등으로 정의되는 '문화(文化 culture)'이다. 따라서 마을리빙랩 실험을 위해서는 오랜 기간 마을구성원들의 일상생활 행위와 활동의 축적물로 구축된 마을의 문화재, 축제, 상징물로부터 구성원들의 정체성, 애향심, 정서적 유대감 등에 이르는 문화적 요소들에 대한 탐색도 진행되어야 한다.

3. 사회적 행위와 관계의 유형

마을에서 마을의 구조와 일상의 체계를 유지하는 핵심 주체는 행위자로서 지역 주민들이다. 또한, 마을 혹은 지역사회 주민들의 활동은 사회적 행위(social act)에 해당하며 이들의 행위는 다양한 사회적 관계의 유형들을 만들어낸다. 따라서 이 영역은 마을이 가지고 있는 공동체적 속성을 탐색하기에 가장 적합하다고 할 수 있다.

1970년대 미국의 여러 지역사회 이론가들은 지역사회행위의 유형을 자생적 지역사회행위, 일상적 지역사회행위, 창의적 지역사회행위 등으로 구분한 바 있다. 당시 미국의 연구자들은 자생적 지역사회행위의 한 사례로 1967년 미국 디트로이트의 시민소요를 꼽았다. 그들은 지역사회에서 일어나는 자신들의 문제에 대한 깊은 욕구 불만이 '폭동'과 같은 형태로 나타났다고 보고, 이러한 유형을 자생적 지역사회행위로 분류하였다(Poplin · 홍동식 · 박대식, 1985: 228-238). 이 유형은 지역의 문제, 자신들의 문제에서 출발한 행위 유형이라는 점에서 지역성이 매우 높은 행위로 분류되었는데, '사회적 관계(social relation)'의 차원에서 보면 '갈등(conflict)'의 유형에 해당한다. 유사한 예로는 일탈 및 범죄 등을 들 수 있다.

다음으로 '일상적 지역사회행위'는 마을과 지역사회에서 정기적으로 일어나는 정상적 범위 내의 활동 및 사건 등을 말한다. 예를 들어, 마을에서 정례적으로 열리는 축제, 정기시(定期市, fair)의 장날 행사, 도서전(book fair), 박람회(trade fair), 지역의 행정기관이 주최하는 주민설명회, 공청회 등 각종 공적 행사와 회합 및 토론회 등이 대표적이다. 주로 지속성과 반복성을 띠는 '사회적(social)' 사건 또는 활동들이다. 이 유형의 행위들은 지역사회의 일상이 안정적으로 유지되기 위해 매우 중요한 활동들이다. 당시의 연구자들은 이 활동들의 '일상적'인 특성 때문에 이를 분석하고 연구하는 데 힘을 기울이지 않았다(Poplin · 홍동식 · 박대식, 1985: 232).

그러나 마을리빙랩과 마을공동체 활동에서 이러한 일상적 지역사회행위는 마을의 정체성, 공동체성, 지역성과 관련해 그 행위가 어떠한 기능과 역할을 하는지 중요하게 탐색할 필요가 있는 행위들이다. 예를 들어, 특정 마을에서 마을축제의 규모, 빈도, 참가자 규모 등을 분석하게 되면 그 마을 주민들의 참여, 협동, 교환, 호혜성, 네트워크, 지식과 경험의 수준, 건강 상태, 공동체 의식 등과 같은 사회적 관계의 여러 항목에 대한 윤곽을 그릴 수 있다. 또, 마을 및 지역사회의 현안과 관련한 주민설명회 및 공청회 등에 대한 관찰도 필요하다. 주민들의 참여 여부 및 정도를 살펴보면 신뢰, 규범, 네트워크, 참여 등을 파악할 수 있기 때문이다.

마지막으로, '창의적 지역사회행위(initiated community action)'는 마을에서 리빙랩 활동, 공동체 활동 등을 활성화하기 위해 가장 눈여겨보아야 할 행위 유형에 해당한다. 이 유형은 앞서 기술한 행위 유형들과 달리 '질서 있는 집단활동의 메커니즘'을 통해서, 마을과 지역사회에 '의미 있는 변동(change)'을 유발하는 것을 주된 목적으로 하는 행위 유형이다. 대표적인 예로는 도로 확장, 하수도 확충, 상수도 불소 첨가 등과 같은 마을 환경개선 사업, 지역 보건시설 개선 등을 들 수 있다(Poplin · 홍동식 · 박대식, 1985: 232).

이 행위 유형에는 몇 가지 특징이 있다. 첫째, 구체적인 목표(goal)를 해결하거나 성취하는 것을 강조한다. 둘째, 마을과 지역 주민들의 참여를 핵심으로 한다. 셋째, 민주적 또는 준(準)민주적(semi-democratic) 지향성이 있다(Poplin · 홍동식 · 박대식, 1985: 232). 그리고 이러한 행위는 지역사회의 공동체조직에 의해 '질서 있는 집단활동의 메커니즘' 하에 진행되는 경우가 대부분이다. 그러나 관련 연구자들은 이러한 메커니즘으로 진행되는 창의적 지역사회행위라 하더라도 기존 이익집단들의 통제, 사익 추구의 목적을 가진 개인들의 (맹목적) 참여 혹은 방해, 정치이념화된 집단 및 세력의 개입 등으로 관련 사업이나 프로그램이 이상적인 결실을 얻지 못할 수 있다고 보았다. 쉽게 말해, 공적인 행위를 필요로 하는 제안들이 개인들의 이익을 추구하는 행위로 점철되고 있는 것은 아닌지 대중의 의심과 비판이 출현할 수 있다는 것이다. 따라서 마을리빙랩 활동과 관련하여 이러한 특성과 어려움이 발생할 수 있는 여지에 대한 탐색과 대응력을 갖춘 지도자의 지도력, 구성원의 협력, 경험과 지식 등이 필요하다고 볼 수 있다.

그렇다면 이러한 문제를 해결할 수 있는 방법은 없을까? 일군의 지역사회 연구자들이 제안한 '5단계 지역사회행위 발전 모델'은 이 질문에 대한 일정 정도의 해답을 제공해준다. 제안한 각 단계별 내용은 다음과 같다. 1단계는 소수의 사람들이 어떤 문제를 자각하고 그 해결을 위해 노력하는데 관심을 표명할 때 시작되는 단계로, 이웃 간 혹은 자발적 결사체 지도자들 사이의 논의에서 해결해야 할 과제가 제기되는 단계이다. 이 단계에서의 참여자는 소수의 사람들이다. 2단계는 주민 간 토론 등의 과정을 거쳐 일을 진행시킬 수 있는 '잠정적인 행위체계'가 나타나는 단계이다. 이 단계에서는 대개 특정한 문제를 인식한 사람들 다수가 참여하며, 참여자들 사이에서 목표, 전략, 역할 등 창의적인 방향(initiating set)이 확립된다. 3단계는 '행위를 할 수 있는 권리'를 획득하는 단계로 권리를 승인받은 활동가, 후원자, 중립적 지지자들이 활동체계의 구축을 완료하는 단계이다. 4단계는 참여자들이 단순한 참여의 수준을 넘어서는 단계로, 이전까지 유사한 마을 활동에 참여하지 않았던 사람들까지 포함되는 행위체계의 확장이 일어나는 단계이다. 광범위한 참여자들이 공식적으로 참여하게 되면 이 행위는 마을과 지역사회에서 폭넓은 지지를 얻는다. 4단계까지의 과정이 차질 없이 수행되면 목표달성과 의미있는 사회변동을 엿볼 수 있는 5단계에 이르게 된다(Poplin · 홍동식 · 박대식, 1985: 233-236).

마을리빙랩 활동은, 이러한 지역사회행위의 유형에서 우려되는 장애물을 해결하는 하나의 대안이 될 수 있다. 앞서 살펴본 바와 같이 마을리빙랩은 사익에 기반한 자발적, 선택적 참여와 행위를 기반으로 하는 활동이다. 또한 자신이 겪고 있거나 마을공동체 차원에서 안고 있는 집단 수준의 문제(치안, 환경, 교통, 보육문제 등) 해결을 위해 직접적으로 솔루션을 찾고 해결해나가는 실천적, 실용적 활동이다. 더욱이, 다수 이해관계자의 참여를 강조하며 개방형 혁신체계 하의 협업(collaboration)과 공동창조(co-creation)를 통해 사용자(소비자, 주민) 주도의 문제해결 방식을 추구하기 때문이다.

지금까지 살펴본 몇 가지 지역사회행위 유형을 통해 '사회적 관계'

의 형태들을 여럿 발견할 수 있었다. R. 퍼트넘(Putnam)은 이러한 사회적 관계의 개념들을 '사회적 자본(social capital)'으로 범주화하고 마을과 지역사회에서 중요하게 다루어야 할 대표적인 사회적 자본으로 신뢰, 규범, 네트워크, 호혜 등을 제시하였다(이태동 외, 2017: 51-57; 로버트 퍼트넘 · 정승현, 2009). 이러한 내용들은 모두 마을리빙랩 활동에 매우 필요한 요소들이며, 동시에 마을리빙랩 활동의 경험을 통해 강하게 축적될 수 있는 요소들이기도 하다. 따라서 연구자들은 마을과 지역에서 출현하는 다양한 사회적 행위 및 관계 유형에 대한 탐색에 많은 주의를 기울여야 한다.

4. 마을의 환경과 역사

마을리빙랩 실험을 위한 마을의 이해를 위해 검토해야 할 또 하나의 영역으로는 마을의 환경과 역사를 꼽을 수 있다. 마을의 환경은, 마을을 둘러싸고 있는 외부의 영역에 속하는 것으로, 지리적 경계(제한)가 명확하지 않은 마을이 자연, 교통, 주변 마을과의 거리 등 지리공간적 차원에서 어떠한 입지에 처해 있는가와 관련되는 부분이다. 마을의 지리공간적 특성은 마을 주민들의 필요 및 욕구 형성에 영향을 미치는 요인이다. 예를 들어, 산과 강 등 쾌적한 자연경관과 녹지공간이 풍성한 마을의 욕구와, 고속도로와 산업시설이 인접한 마을의 욕구는 극명한 차이를 보일 것이 분명하다.

마을 내부의 특성에 대한 이해도 필요하다. 대표적으로 해당 마을의 인구 규모와 인구학적 특성에 대한 파악은 마을리빙랩 실험에 있어서 주체의 구성과 공동체 조직화에 매우 필요한 작업이다. 연령, 성별, 국적, 직업, 소득수준, 거주 기간, 토박이의 규모와 존재 여부 등이 어떠한 상황에 있느냐에 따라 마을리빙랩 실험의 성패가 좌우될 가능성도 있기 때문이다.

마을 내 주택의 형태와 구성, 도로망, 교통체계, 주거환경, 편의시설, 의료복지시설, 치안 및 안전망, 놀이 및 여가문화 공간, 공원 등 근린생활시설, 소방·경찰 등 사회안전망에 이르는 생활환경 요인들도 마을 구성원들의 필요를 달리 도출해줄 것이므로 꼼꼼한 탐색이 필요하다.

오랜 기간에 걸친 마을의 역사와 생성-번영-쇠퇴의 순환적 변천 과정도 사회변동(social change)의 차원에서 의미 있게 다루어질 필요가 있다. 역사적 사회변동은 해당 마을의 정체성에 깊은 영향을 주는 변수이기 때문이다.

특히, 마을의 자원을 발굴하는 작업은 매우 중요하다. 지역자원은 역사, 문화, 특산물, 건축, 인물, 경관, 생태 등에 걸쳐 다양하게 발견·발굴될 수 있다. 충남 예산은 '의좋은 형제'라는 전래 이야기를 보유해왔는데, 이것을 발전시켜 마을의 정체성을 강화하고 테마 관광지로 상품화하였다. 하동 녹차, 의성 산수유, 담양 죽세공품, 금산 인삼, 여주 도자기, 이천 쌀, 양양 송이버섯, 홍성 토바우 한우, 청양 구기자 등은 마을의 특산물을 자산화 한 것이다. 영주 부석사 무량수전, 담양 소쇄원, 서산 개심사 등과 같은 오래된 건축물과 공간은 물론이고 월드컵 경기장, 대전엑스포 과학공원, 단양 온달동굴 등과 현대식 건축물 및 특이 자연경관 등도 마을을 훌륭한 자산이 된다(이종수, 2015: 210-212).

유물, 유적, 상징물, 마을의 형성 과정과 명칭의 유래, 전래 설화, 구전 민요, 인간문화재, 지역 특산물, 마을이 배출한 유명 인사, 마을의 특이한 경관 등 마을에서 발굴한 과거의 흔적들과 현재 시점의 고유한 자원들은 모두 귀중한 마을의 자산에 해당한다. 따라서 유형의 마을 자산은 발굴하여 보존에 힘써야 하며 무형의 마을 자산은 첨단 기술을 활용하여 아카이빙(archiving)할 필요가 있다. 또한, 마을의 생활환경과 지리공간적 특성들로부터 도출된 마을의 문젯거리들은 리빙랩 본연의 특성을 살려 ICTs와 첨단 신기술을 적용해보는 도전이 필요하다.

제5장

마을리빙랩의 실험과정

제5장
마을리빙랩의 실험과정[26)]

이 장에서는 마을리빙랩의 실험활동 과정(process)으로서, 마을공동체 혹은 지역사회에서 '어떠한 실험의제를, 어떠한 방법으로, 또 어디에서 누구로부터 도출할 것인가'라는 질문에 답하려고 한다. 여기서 살펴보는 내용은 앞서 2장 2절에서 서술한 D. 슈만(Schuurmann)의 '리빙랩 3개층 모델' 개념에 기반하고 있다. 즉, 특정한 마을공동체에서 하나의 리빙랩 프로젝트를 실행하는 과정으로서 미시적 실험활동 방법을 소개하고자 한다. 세부적으로 다룰 내용은 연구 대상인 마을공동체에서 실험의제를 발굴하는 과정, 발굴한 실험의제의 문제정의를 위해 자료를 수집하고 조사하는 방법 및 과정, 실험의제의 최종 선정을 위한 주민 의견수렴 과정 등을 살펴볼 것이다. 서술은 '사전 자료조사(마을리빙랩 '실험이슈' 발굴) → 자료 수집조사('실험 후보의제' 관련 데이터 수집) → 공론화와 직접투표 의례('실험이슈'의 의제화 · 선정)'의 순으로 진행한다.

---

26) 이 장에서 소개하는 마을리빙랩의 실험과정은 필자가 10년 가까이 참여한 여러 차례의 리빙랩 프로젝트의 수행과정에 기초하고 있다. 필자는 길게는 2015년부터, 짧게는 2017년부터 거의 매년 대전지역의 여러 마을에서 연구책임자 및 공동 연구자 신분으로 다양한 유형의 리빙랩 과제를 수행해왔다. 여기에 기술하는 내용에는 10개 내외의 리빙랩 프로젝트 사례가 포함되어 있다.

1. 사전 자료[27]조사: 마을리빙랩 '실험이슈'의 발굴

마을리빙랩 실험을 위해 가장 먼저 해야 할 작업은 실험의 대상으로 선정한 마을에서 문젯거리인 이슈를 찾아내는 '실험이슈 발굴' 과정이다. 마을이 안고 있는 문제는 대부분 마을의 구조 속에, 또 마을 주민의 일상과 문화 속에 숨겨져 있다. 따라서 찾아내는 작업이 쉽지 않다. 특히 연구자들로 구성된 외부인들은 마을의 실정을 잘 모르기 때문에, 또 거주민들은 마을의 문제상황에 익숙해져 있는 까닭에 마을의 문젯거리들은 수면 아래에서 잠자고 있는 경우가 대부분이다.

마을에서 실험 대상이 될만한 이슈를 발굴하는 작업은, 앞서 4장의 리빙랩의 대상으로서 마을공동체를 이해하는 여러 차원의 항목들을 이슈 발굴을 위한 '마을공동체의 사회문제 분석틀'로 삼아 진행할 것을 연구자 및 실험 참여자들에게 권장하는 바이다.

실험이슈의 발굴은 실험의제를 선정하기 위해 마을의 문제상황에 대한 윤곽을 그려보는 과정에 해당한다. 사전 조사에 해당하는 이 과정의 진행은 대략 다음의 네 단계로 구분하여 볼 수 있다. 첫째, 실험 대상 마을공동체에 대한 선행조사 및 기초자료조사를 실시한다. 선행조사는 연구대상 마을의 지역문제나 주민 인식조사 등과 관련한 자료, 소문 등을 입수하여 미리 검토하는 작업이다. 기초자료조사는 연구대상 마을의 인문사회, 인구, 지리, 경제, 문화적 특성 등을 광범위하게 조사하는 것이다. 예를 들어, 마을 명칭의 유래, 행정구역의 역사와 현황, 지리적 입지, 주거지 특성, 상권, 교통 및 편의시설 실태, 교육기관 및 공공시설 현황, 마을의 공동체조직, 문화적 환경 등의 조사항

27) 사전조사에서 수집하는 자료들은 대부분 '2차 자료'에 해당한다. 즉, 연구자 및 실험 참여자가 직접 발굴, 도출하거나 응답한 정보 · 데이터 · 의견이 아니라 다른 연구자 등이 이미 발굴 · 수집하여 공개된 자료들이다. 반면, 연구자가 직접 관찰하거나 수집한 데이터는 1차 자료라고 한다(정택원, 2012: 14-16).

목을 들 수 있다. 자료의 수집 출처는 먼저, 기 출간된 자료집이나 보고서, 기타 홍보팸플릿, 사진 등에서부터 행정기관의 통계자료, 언론 보도자료 등을 활용한다. 다음으로, 마을에 현장답사를 가서 마을의 상황을 사진 촬영 등으로 기록하여 추가적인 기초자료 조사를 마무리한다. 이 단계에서는 마을의 장단점, 유지하고 싶은 점과 개선하고 싶은 점 등을 편견 없이 수집한다.

둘째, FGI(Focus Group Interview)[28]를 진행한다. 마을의 토박이, 마을활동가, 마을 유지 등 해당 마을의 실정에 밝은 참여자들을 초점면접 대상자로 선정한 뒤 마을의 주요 현안에 대해 탐색한다. 효과적인 FGI를 위해서는 첫째 단계의 사전 자료조사 및 기초자료조사의 자료들을 활용하여 꼼꼼하고 의미 있는 질문지를 작성하는 작업이 필요하다. 필요에 따라 FGI와 사전조사, 기초자료조사, 현장답사 등의 순서를 바꾸거나 병행해도 무방하다.

셋째, 제반 수집자료를 4장의 '마을공동체 사회문제 분석틀' 등을 기준으로[29] 범주화하고, 실험의제가 될만한 예상 이슈를 도출한다. 앞의 두 단계에서 확보한 제반 자료들을 종합한 후 1차 분류, 2차 분류의 과정을 거치며 앞의 사회문제 분석틀에 맞추어 범주화한다. 예를 들어 산발적으로 수집된 다양한 이슈들을 생활환경, 주거환경, 교육 · 돌봄, 가족, 치안, 재난 · 재해, 복지, 행정 · 자치, 사회통합, 주민 갈등, 문화 · 여가, 생활편의, 경제생활, 교통 등 상위차원의 개념어별로 묶어 범주화한다.

---

28) FGI는 사전 자료조사 방법으로 활용할 수 있으며, 두 번째 과정의 자료(데이터) 수집 조사 방법으로도 많이 활용된다. 이에 대해서는 2절에서 소개한다.

29) 마을의 사회문제 분석틀로는 4장의 소절과 항의 제목을 기준으로 삼으면 무방하다. 또, KISTEP(한국과학기술기획평가원)(2015)의 사회문제 분류 10대 분야, 박재환 · 전혜진(2015)의 사회문제 구체성 분류를 활용할 수 있다. 그러나 리빙랩이 어떠한 유형이냐에 따라 이슈 분류 기준으로 삼아야 하는 문제 분석틀은 매우 상이하게 구축될 수 있다.

넷째, 각 범주에서 높은 빈도로 수집된 이슈를 '실험 (후보)의제'로 도출한다. 이 단계에서 도출한 '실험 (후보)의제'는 향후 리빙랩의 원활한 실험 수행을 위해 10대 이슈, 20대 이슈 등으로 압축하는 것이 바람직하다. 실제 프로젝트 수행과정에서 경험한 바로는, 둘째 단계까지의 과정을 통해 수집한 이슈의 개수는 무려 평균 100개 내외에 이른다. 따라서 이슈 분류 및 범주화, 압축 등의 과정을 반드시 거쳐서 최종적인 실험의제 선정과정에 장애가 발생하지 않도록 사전에 방지하여야 한다.

2. 자료[30]수집조사: '실험 (후보)의제' 관련 데이터 수집

발굴한 '실험이슈'를 실제 마을리빙랩 활동에서 모두 '실험의제'로 채택할 수는 없다. 따라서 연구자 및 연구 참여자들은 실험의제 선정의 근거가 될 충분한 자료수집을 위해 마을리빙랩 실험의 두 번째 과정인 '실험 (후보)의제의 데이터 수집' 과정에 착수해야 한다. 앞서 10대 이슈, 20대 이슈 등으로 압축한 '실험 (후보)의제'를 중심으로 연구자 혹은 실험참여자, 면접조사원 등이 직접 응답자의 의견 · 정보 · 데이터(data)를 수집하는 작업이 바로 이 과정에서 해야 할 일이다.

실험 (후보)의제에 대한 정보와 데이터 수집은, 응답 대상자를 선정한 후 설문조사 혹은 면접조사를 실시하여 '1차 자료(primary data)'를 직접 모으는 단계로 진행된다. 이를 위해 먼저, 마을의 누구를 대상으로 자료를 수집할 것인가를 결정해야 한다. 다음으로, 응답 대상자를 만나서 어떤 내용을 질문하고 자료를 수집할 것인가를 준비해야 한

30) 두 번째 단계에서 수집하는 자료는, 연구자 또는 실험참여자가 응답자들을 대상을 직접 수집한 의견과 정보, 데이터들로, 1차 자료 또는 원자료(raw data)라고 부른다.

다. 마지막으로, 응답을 얻는 과정에 어떤 자료 수집방법을 동원할 것인가를 선택해야 한다. 이 절에서는 이러한 자료 수집 과정의 세 단계를 중심으로, 사회문제 연구작업에서 빈번하게 또 대중적으로 쓰이는 자료(data)수집방법을 소개하고자 한다.

1) 응답자 선정

실험 (후보)의제와 관련한 자료를 수집하기 위해 가장 먼저 해야 할 작업은 응답자를 선정하는 일이다. 마을리빙랩 실험에서는 사전 자료조사 등을 통해 확인한 마을의 특성과 마을의 이슈에 대해 상세한 정보와 데이터, 의견 등을 제공해 줄 수 있는 응답자를 선정하는 기준을 최우선으로 삼아야 한다.

한편, 응답 대상자 선정 시 염두에 두어야 할 일반적인 기준으로 다음의 몇 가지를 제시할 수 있다. 첫째, 다양한 영역의 마을 및 지역사회 활동 참여자 둘째, 마을 및 지역사회에 대한 높은 이해와 활동 전문성을 보유하고 있는 자 셋째, 마을이 안고 있는 문제에 대한 인식 및 해결 의지가 높은 자 넷째, 협력적 네트워크를 충분히 갖춘 자 등을 고려하는 것이 바람직하다. 하지만 연구자는 응답자 선정과정에서 성별, 연령, 학력 및 소득수준, 특정 주거지, 직업 유무, 정치적 편향, 친분 등에 치우치지 않도록 확고하게 중립적 입장을 견지하는 일에 힘써야 한다. 오랜 마을 활동 경험자만을 선호하는 폐쇄적 태도 대신, 개방적인 응답자 선정의 자세를 취해야 함은 물론이다.

응답자 규모는 질문지법(응답자가 자신의 답변을 설문지에 직접 기입하는 방식)에서는 수백명 이상의 규모로 선정하고, 면접법(응답자의 답변을 조사원이 설문지에 기입하는 방식)에서는 적어도 20-30명 이상으로 선정할 것을 권장한다. 특히, 면접법에서는 최종 목표 응답자의 50% 이상 규모로 예비 응답자 명부를 마련해두는 것이 필요하다.

2) 설문지 설계

예비 응답자를 포함하여 응답(예정)자 명부가 준비되면 곧바로 설문지 설계작업에 돌입한다. 질문지는 객관식 문항만으로 이루어진 질문지와 소수의 주관식 문항을 곁들인 혼합형 질문지가 일반적으로 많이 쓰인다. 질문지법과 면접법에서 사용하는 설문지는 보통 형태상 차이는 없다. 다만, 면접법 중 특히 심층면접법(indepth-interview)에서 사용하는 설문지는 연구자가 주관식 중심으로 유연하게 설계한 설문지를 사용하는데, 이때의 설문지는 별도로 '면접 지침서(interview protocol)'라고 구별하여 부른다. 〈그림 5-1〉 참조.

〈그림 5-1〉 질문지법의 설문지(좌)와 면접법의 면접지침서 예시

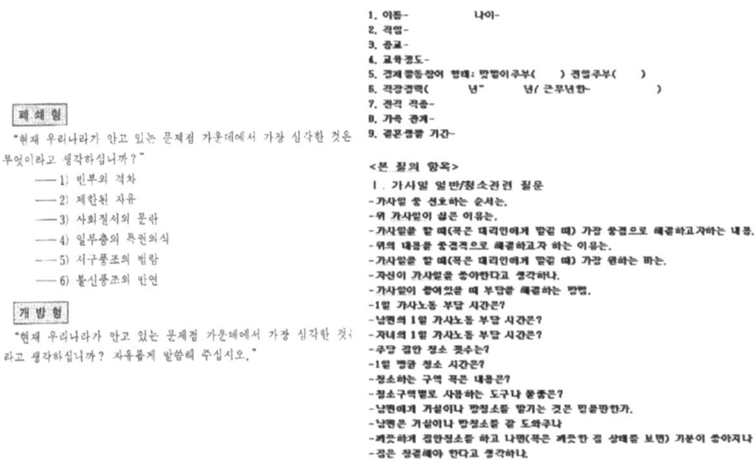
폐쇄형

"현재 우리나라가 안고 있는 문제점 가운데에서 가장 심각한 것은 무엇이라고 생각하십니까?"

——1) 빈부의 격차
——2) 제한된 자유
——3) 사회질서의 문란
——4) 일부층의 특권의식
——5) 서구풍조의 범람
——6) 불신풍조의 만연

개방형

"현재 우리나라가 안고 있는 문제점 가운데에서 가장 심각한 것이라고 생각하십니까? 자유롭게 말씀해 주십시오."

1. 이름- 나이-
2. 직업-
3. 종교-
4. 교육정도-
5. 경제활동참여 형태: 맞벌이주부( ) 전업주부( )
6. 직장경력(년~ 년/ 근무년한-)
7. 전직 직종-
8. 가족 관계-
9. 결혼생활 기간-

<본 질의 항목>

Ⅰ. 가사일 일반/청소관련 질문
-가사일 중 선호하는 순서는.
-위 가사일이 싫은 이유는.
-가사일을 할 때(혹은 대리인에게 맡길 때) 가장 중점으로 해결하고자하는 내용.
-위의 내용을 중점적으로 해결하고자 하는 이유는.
-가사일을 할 때(혹은 대리인에게 맡길 때) 가장 원하는 바는.
-자신이 가사일을 좋아한다고 생각하나.
-가사일이 쌓여있을 때 부담을 해결하는 방법.
-1일 가사노동 부담 시간은?
-남편의 1일 가사노동 부담 시간은?
-자녀의 1일 가사노동 부담 시간은?
-주당 집안 청소 횟수는?
-1일 평균 청소 시간은?
-청소하는 구역 혹은 내용은?
-청소구역별로 사용하는 도구나 물품은?
-남편에게 거실이나 방청소를 맡기는 것은 믿을만한가.
-남편은 거실이나 방청소를 잘 도와주나
-깨끗하게 집안청소를 하고 나면(혹은 깨끗한 집 상태를 보면) 기분이 좋아지나
-집은 청결해야 한다고 생각하나.

*자료: 저자 구성

설문 항목 작성 시, 다음과 같은 사항에 유의해야 한다. 질문의 내용은 누가 보아도 이해할 수 있도록 쉽고 명확해야 한다. 설문 문항은 가급적 짧게 작성해야 한다. 그러나 응답자에 대한 존칭어, 완결된 문장으로 작성할 것이 요구된다. 이중적 질문(double-barreled question)은 피해야 한다.

예를 들어, "당신은 학교생활과 성적에 만족하고 있습니까?"라는 질문은 학교생활 만족도와 성적 만족도 등 2가지에 대해 질문을 하고 있으므로 응답에 혼선을 초래하게 된다. 편견이 개입될 소지가 있는 단어나 어휘, 부정적인 표현은 배제하고 중립적인 표현을 써야 한다. 예를 들어, "귀하는 000후보자의 공약이 실현불가능하다고 생각하지 않습니까?"라고 질문을 하게 되면, 실제로 부정적인 답변율이 높아지는 결과로 이어진다는 연구 보고들이 많다. 이러한 질문은 유도설문(leading questions)에도 해당하므로 특히 주의해야 한다(장택원, 2012: 40; Babbie · 고성호 외, 2002: 306-314).

설문지는 표지(연구조사 명칭, 연구 목적 과 연구자 연락처 기록), 스크리닝 질문(응답자 신상정보 등), 본 설문 문항 등의 구조로 구성한다(장택원, 2012: 41-47; Babbie · 고성호 외, 2002: 316-322).[31] 최종적인 설문지를 완성하기 전에, 사전 설문조사(pre-test)를 통해 설문의 오류 등을 미리 충분히 교정하는 작업이 요구된다.

3) 자료수집

응답 대상자 선정과 설문지 설계가 마무리되면 본격적인 설문에 들어간다. 연구자는 설문을 통해 응답자로부터 '실험 (후보)의제'에 대한 의견, 정보, 데이터 등을 광범위하게 얻어낼 수 있도록 주의를 기울여야 한다. 아래에서는 마을리빙랩 실험 등에 주요한 자료수집방법으로 활용할 수 있는 몇 가지 방법을 제시하였다. 이 방법들은 각각 서로 다른 장단점을 가지고 있다. 동일한 영역의 '마을 연구'라 하더라도 도출된 실험이슈가 무엇이냐에 따라 적합한 방법을 달리 선택하는 것이 바람직하다. 또, 각 방법이 가지고 있는 단점을 보완함으로써 풍부한

31) 설문지 설계 등과 관련한 상세한 내용은 본문에 소개한 Babbie. · 고성호 외(2002), 장택원(2012)의 문헌 외에 《사회조사방법론》 등의 제목이 붙은 문헌을 참조할 것을 권한다.

자료 수집을 성취하기 위해서는 2-3개의 방법을 병행해서 활용하기를 권장한다.

(1) 질문지법

질문지법(questionnaire)은 설문조사(서베이, survey)의 한 형태로 가장 대중화된 자료 수집방법이다. 연구자 혹은 조사원은 설문지를 응답자에게 배포하고, 응답자가 스스로 기입하도록 하여 자료를 수집한다. 설문지는 보통 객관식 위주의 문항이 큰 비중을 차지하는 '구조화 설문지'의 형태로 구성한다. 질문지법은 모집단(母集團)이 매우 크고 원자료를 많이 확보하고자 할 때 흔히 사용한다. 짧은 시간 안에 많은 자료를 수집할 수 있고 통계분석 프로그램을 활용해 신속한 데이터 분석이 가능하다는 장점이 있다. 단점은 질문에 맞춘 정형화된 응답 항의 데이터만을 얻을 수 있다는 점과 복잡한 연구주제에 대한 탐색에는 부적합하다는 점 등이 있다(Babbie · 고성호 외, 2002: 323-345).

질문지법은 마을리빙랩을 실행하는 실제 마을 연구에서 연구자, 실험참여자 등이 상당히 선호하는 자료 수집방법이다. 그러나 주민들 중에서 대표성이 있는 응답자를 표집(sampling, 標集)하는 것이 쉽지 않고 충분한 표본(標本)의 규모를 확보하는 것도 어렵기 때문에, 최종적인 조사 결과가 편견이나 오류 없이 대표성과 신뢰도 및 타당도를 담보한 마을 전체의 의견으로 도출되었다고 인정받기가 어렵다는 아쉬움이 있다.

(2) 면접법

면접법(interview) 역시 설문조사(서베이, survey)의 한 형태이다. 그러나 질문지법과 달리, 연구자나 조사원이 질문을 던진 후 응답자로부터 얻은 답을 직접 기록하여 자료를 수집하는 방법이다. 이때 사용하는 설문지는 질문지법에서 사용하는 것과 동일한 '구조화 설문지'도 있고 주관식 위주의 '비(非)구조화 설문지'도 있다.

면접법은 질문지법의 단점을 보완해준다. 정형화된 응답 항의 데이터만을 얻을 수 있는 질문지법과 달리 응답자의 태도, 지향, 선호, 경험 등과 같은 다양성을 반영할 수 있고 조사 장소인 현장의 상황에 따라 질문을 가감첨삭하며 유연하게 대처할 수 있다. 결과적으로 볼 때 질문지법에 비해 깊이 있는 자료들을 많이 수집할 수 있다는 장점이 있다(Babbie. · 고성호 외, 2002: 328-334).

마을리빙랩 활동에서는, 근래 면접법을 많이 활용하는 추세이다. 대표성과 신뢰도의 결함을 지적받는 질문지법에 비해 마을이 안고 있는 문제에 대한 이해도와 해결의지가 높은 소수의 주민들로부터 보다 깊이 있는 의견과 정보, 데이터 등을 수집할 수 있다는 믿음 때문이다.

(3) (질적) 현장연구

현장연구(field research)는 마을리빙랩 등 '실생활 현장'을 핵심 연구 대상으로 삼는 접근에서 활용도가 매우 높은 연구 방법이다. 이 방법은 앞서 언급한 질문지법, 면접법 등과 같이 범주의 경계가 명확한 개별적 기법이라기보다 포괄적인 패러다임에 가깝다. 따라서 현장연구에서는 관찰(법), 심층면접, FGI 등과 같은 구체적인 자료 수집방법들이 함께 활용된다.

현장연구는 자연스러운 현장 상황에서만 가장 잘 이해될 수 있는 종류의 태도와 행위, 상황의 연구에 특히 적절하다. 따라서 현장연구에 착수하는 연구자는 연구하려는 사회현상에 가능한 한 가장 완벽하게 그리고 직접 접근함으로써 그 현장에 대해 '포괄적인 시각'을 확보할 수 있다(Babbie. · 고성호 외, 2002: 348). 즉, 연구자는 현장에 직접 임장(臨場)함으로써 계량화된 수치로 측정하거나 표현할 수 없는 현장의 상황이나 연구대상자의 행위 및 대화 등을 글, 말, 사진, 그림 등 다양한 방식으로 기록할 수 있다. 아울러 메모, 일기장, 소품, 조형물, 기타 현장 상황을 알려주는 단서가 될 수 있는 다양한 인공물(artifacts)을 확보·수집할 수 있게 된다. 현장연구를 '질적 연구'로 명명하는 이유도 바로 여기에 있다.[32] J. Creswell은 이러한 자료들은 모두 관찰자료, 면접자료, 문서자료, 시청각자료 등 네 유형으로 분류된다고 하였다(Creswell · 조홍식 · 정선욱 · 김진숙 · 권지성 공역, 2015: 193).

현장연구에서 가장 유용한 핵심 자료수집 기법은 관찰(법)과 (심층)면접(법)(초점집단면접 포함)이다. 관찰(법)(observation method)은, 일정 시간 혹은 기간에 걸쳐 연구 대상을 감각이나 관찰 도구를 활용해 지켜보고 그 결과를 기록함으로써 자료를 수집하는 방법이다. 전통적으로 문화인류학 연구자들이 많이 사용해온 관찰(법)은 관찰자의 역할이 참여적이냐 관찰적이냐에 따라 완전참여(complete participant), 관찰참여(participant as observer), 완전관찰(complete observer), 참여관찰(observer as participant) 등 네 종류의 접근방식이 있다. 일반적으로 마을리빙랩 연구에서는 참여관찰 방식이 주로 활용된다. 즉, 연구자 및 조사원은 연구대상으로 설정한 집단, 지역, 조직 측에 자신의 정체를 드러내고 연구대상 및 대상자들의 협조 아래 자료를 수집한다. 연구자가 자신의 정체를 드러내지 않고 자료수집에 나서는 완전관찰 방식도 마을리빙랩연구에서 활용도가 높은 편이다(Yin · 박지연 · 이숙

32) 조사연구방법을 수집자료의 계량화, 수치화 가능 여부를 기준으로 양적 연구(정량적 연구)와 질적 연구(정성적 연구)로 구분하기도 한다. 양적 연구(quantitative research)는 통계적, 수학적, 계산적 기법을 활용하여 사회현상을 수치화하여 설명하는 체계적인 경험적 탐구방법이며 질적 연구(qualitative research)는 주관적 · 해석적 인식론에 근거를 두고, 가능한 한 인위적으로 조작되지 않은 자연스러운 삶의 세계에서 연구대상 스스로의 말이나 글, 행동, 그들이 남긴 흔적 등을 집중적으로 탐색하여 해석하고 의미를 찾으려는 연구방법이다(Babbie · 고성호 외, 2002: 70-72; 정택원, 2012: 16-19; Creswell · 조홍식 · 정선욱 · 김진숙 · 권지성, 2015; Yin · 박지연 · 이숙향 · 김남희, 2013).

향 · 김남희, 2013: 227-232; 홍두승, 1987: 44-46).

면접(법)으로는 심층면접법과 FGI(초점집단면접)가 있다. 심층면접법(indepth-interview)은 말 그대로 설문조사 등을 통해서는 거의 수집하기 어려운 심층적인 연구주제(개인적인 트라우마의 경험, 몸과 마음속의 기억 등)의 자료수집에 유용하다는 장점이 있다. 그러나 (심층) 면접법은 연구자 및 면접조사원의 높은 숙련도가 요구되며, 면접 시간이 질문지법보다 많이 걸리고 수집된 자료를 계량화하거나 범주화하기가 어렵다는 단점이 있다.

FGI(초점집단면접, Focus Group Interview)는 마을 연구 등에서 사전 자료조사 방법으로 많이 활용되고 있다. 그러나 실험 (후보)의제가 매우 특수하고 전문적인 내용을 포함하고 있는 경우에는 FGI를 자료수집조사의 방법으로 채택할 수도 있다. 본래 FGI 기법의 장점은 특수한 영역의 연구주제에 대한 해당 전문가들로부터 심층적이고 전문적인 의견을 수집하는 데에 있다. 따라서 심층면접법에 근접한 방법으로 수용되고 있다(Babbie, E. · 고성호 외, 2002: 347-383).

한편, 최근 문화기술지 접근에서는 LeCompte & Schensul(1999)가 검사, 측정, 서베이(설문조사) 등 양적 자료수집 방법을 제시하며 질적 연구에서도 질적 연구방법과 양적 연구방법의 병행을 강조하기도 하였다(Creswell · 조홍식 · 정선욱 · 김진숙 · 권지성, 2015: 196-197). 이처럼 근래 질적 연구 분야에 새로운 자료수집방법이 갈수록 늘어나는 이유는, 정형화된 기존의 방법에서 벗어나 창의적인 자료수집법을 도입함으로써 질적 연구에서 더 깊이 있는 자료수집이 가능하다는 판단 때문으로 보인다.

실제로 필자의 경우 다수의 마을리빙랩 실험 활동에 참여하면서 관찰, 면접, 문서수집, 시청각자료수집 외에 실측, 체험 등과 같은 여러 자료수집방법을 새롭게 활용한 바 있는데, 실제적이고 유용한 자료를 수집하는 데 매우 효과적이었음을 확인하였다. 실례로, '대전 삼성 · 석봉동 주차 및 교통개선 리빙랩 사업'(2019)에서는 마을 주민들로 구성된 연구참여자들이 마을 내 주요 도로의 교통량 측정, 인도 설치를 위한 도로 실측, 도로 확장 개념지도 작성(mapping), 소방차 통행로 확보를 위한 예상 설계도 제작, 모의 소방훈련 등을 실행하였다. '대전 관저동 교통약자를 위한 대중교통 개선 마을 리빙랩 사업'(2021)에서는 연구에 참여한 마을 주민들이 거주민의 다수를 차지하고 있는 노인과 장애인들의 보행 불편을 확인하기 위해 보행자 도로의 안전도 실측, 육교 및 횡단보도 보행 체험 등을 진행하였다. 또, '대전 자양동 쓰레기 배출-수거 개선 마을 리빙랩 사업'(2021)에 참여한 마을주민들은 소규모 쓰레기 배출지점 지도 제작, 쓰레기 집하장 · 적재소 후보지 현장 탐색 및 지도 제작 등을 실시한 바 있다(대전광역시 사회적자본지원센터, 2019; 박혜경, 2021b; 박혜경, 2021c).[33] 넓은 의미로 현장조사(field work)라고 부를 수 있는 이러한 자료수집방법은 마을리빙랩 실험에서 매우 효과적이었다. 마을리빙랩 실험에 참여한 이들 연구자와 연구참여자(조사원, 응답대상자)들은 이와 같은 현장조사 활동을 통해 마을이 처한 문제의 상황을 해결할 수 있는 가장 효과적인 솔루션과 방안들도 제시할 수 있었다. 〈그림 5-2〉 참조.

33) 이와 관련한 상세한 활동 내용은 「삼성 · 석봉동 주차 및 교통개선 리빙랩 사업 정책 보고서」, 「교통약자를 위한 대중교통 개선방안 탐색 조사활동보고서-관저동 천년나무 아파트 마을 리빙랩 활동을 중심으로-」, 「주택가 쓰레기의 효과적 배출-수거 방안 탐색 조사활동보고서-자양동 마을 리빙랩 활동을 중심으로-」 등에서 확인할 수 있다(대전광역시 사회적자본지원센터, 2019; 박혜경, 2021b; 박혜경, 2021c).

〈그림 5-2〉 현장연구의 다양한 활동에서 수집한 자료 형태

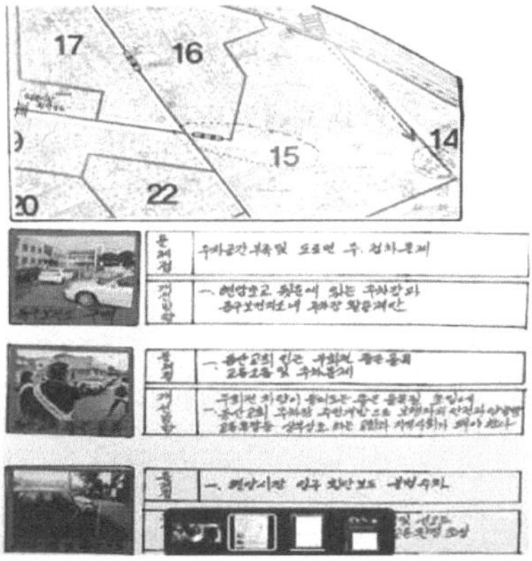

날짜	9월 23일(평일장날) 교통량				
장소	이노센스뷰		행운미용실		합계
조사시간	상행	하행	상행	하행	
07:00-08:00	57	51	74	87	269
08:00-09:00	81	79	83	74	317
09:00-10:00	55	59	94	41	249
10:00-11:00	53	52	71	43	219
11:00-12:00	68	73	92	54	287
12:00-13:00	72	35	86	47	240
13:00-14:00	50	50	101	63	264
14:00-15:00	67	58	80	43	248
15:00-16:00	92	71	80	51	294
16:00-17:00	92	62	52	45	251
17:00-18:00	89	84	70	71	314
18:00-19:00	81	94	83	47	305
합계	857	768	966	666	3,257

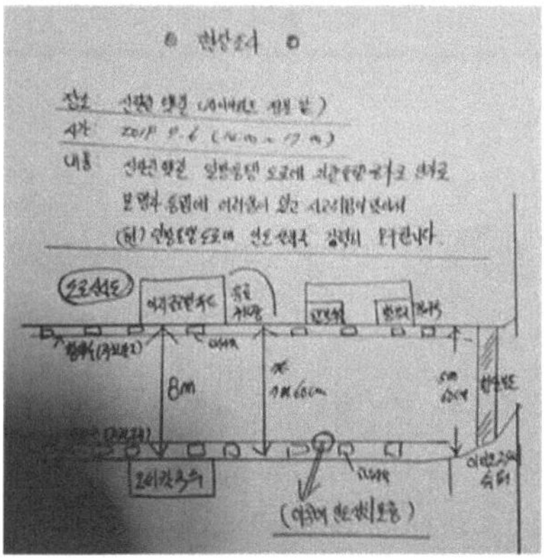

*자료: 삼성동 리빙랩사업단 · 석봉동 리빙랩사업단 · 법동 리빙랩사업단 제공

이처럼 현장연구는 다른 어떠한 자료수집방법보다 연구대상에 대한 깊이 있는 이해가 가능하다는 강점이 있다. 연구자가 현장상황에 따라 언제든 현장연구의 설계를 바로바로 수정할 수 있다는 유연성도 현장연구의 강점이다. 반면, 현장연구는 대규모 모집단에 대한 통계연구 등에는 적절하지 않다는 약점이 있다. 연구결과가 높은 타당도를 성취한다는 것은 분명하지만, 사적 영역에 대해 깊이 연구하는 현장연구 사례에 참여하는 연구자가 늘 일관성 있는 연구결과를 얻어낼 수 있는가라는 신뢰도 측면에서 볼 때 잠재적 약점을 지니고 있다고 하겠다(Babbi. · 고성호외, 2002: 379-381).

(4) 기타의 자료수집방법

기타의 자료수집방법으로는 '비개입적 연구'로 분류되는 내용분석법, 기존통계자료 분석법, 비교역사분석법 등이 있다(Babbi. · 고성호외, 2002: 384-417). 내용분석법의 연구사례로는 '초등학교 교과서에 나타난 성별 사회화 과정 분석'과 같은 예를 들 수 있다. 기존통계자료 분석법의 대표 사례로는, 고전사회학자인 E. 뒤르껭(Durkheim)의 기초 자살통계자료를 활용한 자살 유형 연구가 꼽히며, 중국혁명과 러시아 혁명의 비교역사분석을 통해 혁명의 원인에 대한 이론을 도출한 T. 스카치폴(Skocpol)의 연구는 비교역사분석법의 성과이다. 마을리빙랩 연구에서는 특히 사전자료조사, 기초 자료수집 과정에서 이 방법을 많이 활용한다.

3. 공론화와 직접투표 의례: '실험이슈'의 의제화·선정

마을리빙랩 실험의 세 번째 과정에서 진행할 작업은, 공론화 절차를 거쳐 '실험이슈'와 '실험 (후보)의제' 가운데 실제로 실험 대상이 될 '실험의제'를 선택·선정하는 일이다. 첫 번째 과정에서 실험이슈로 발굴된 마을의 문제는 두 번째 과정인 자료수집 과정을 거치면서 구체적인 문제점이 더욱 많이 드러났을 것이다.

그러나 마을리빙랩 실험 활동을 진행해보면, 문제의 심각성이 가장 높은 실험 (후보)의제가 반드시 실험의제로 채택되는 것은 아니다. 연구자와 연구참여자들이 채택하기를 희망하는 대상과 마을 주민들이 원하는 실험 (후보)의제가 일치하지 않는 경우도 있다. 심지어, 실험 대상의 최우선순위로 고려되는 실험 (후보)의제 중에는 문제해결에 걸리는 시간이 너무 길거나 아예 요원한 사안, 이미 개선 중인 사안, ICTs 등 과학기술적 방법을 적용하는 것이 불가할 뿐만 아니라 지극히 민원성 특성이 강한 사안 등이 끼어 있기도 하다.

마을리빙랩 활동에서 실제 실험의제가 무엇으로 선정되느냐 하는 것은, 활동 전체의 성패를 좌우하는 매우 중요한 터닝 포인트의 문제이다. 마을리빙랩 활동에서는 이러한 장애물을 효과적으로 제거하기 위해, 그리고 마을 주민들이 가장 해결하기를 희망하는 실험의제를 선정하기 위해 실험착수 전 마지막 관문으로 공론화 과정을 활성화하고 있다. 현재 대부분의 마을리빙랩 활동에서 활용하고 있는 공론화 및 의사결정 방법은 '마을회의'와 '직접투표 의례' 등 두 가지이다.

1) 마을회의 공론장: '실험이슈'의 의제화

실험이슈를 실험의제로 선정하는 첫 번째 단계는 공론화 과정이다. 마을리빙랩 활동에서 공론화 과정은 오랫동안 '공론장(public sphere 公論場)'으로 기능해온 '마을회의'를 통해 이루어지고 있다.

'공론장'은 독일의 사회학자인 J. 하버마스(Harbermas)가 《공론장의 구조변동》(1962년)에서, 18세기의 클럽·카페·저널·신문 등의 형태로 출현하였다가 19세기 산업화 과정에서 파괴된 공론장의 부활을 언급한 초기 이론에 등장하는 용어이다. 그는 '공론장'이란, "자유로운 사적 개인이 모여 이성적·합리적 소통행위를 통해 공공선을 추구하는 이념적·도덕적·정치적 소통행위의 모델"이자 "합리적 논변, 비판, 문제해결의 장"이라고 정의하였다. 하버마스의 이 개념은 합의적 의사결정과 다수결 원리에 기반한 '숙의민주주의'의 요건으로 주장되었고, 현대사회에서 '인터넷 공론장' 논의로 확장되기도 하였다(Ritzer·한국이론사회학회, 2006: 195-199; 조나단 터너·김윤태 외, 2019: 594-595; Ritzer, 2005: 613-614).

우리나라에서 공론장의 개념은, 1995년 지방자치제[34]가 재개된 이후 1998년 주민자치(위원)회[35]의 도입을 계기로 등장하였다고 볼 수 있다. 주민자치회의 주요 기능 중 하나인 '마을계획'의 프로세스[36]에서 '마을회의'가 그 출발점이 되는 활동으로 설정되어 있었기 때문이다. '마을계획(Village Planning)'은 주민자치(위원)회가 활동하던 2000년대 초반에 주민의 자발적인 움직임을 통해 수립되기 시작하였고, 이후 2013년에 마을공동체 활동을 지원하는 중간지원조직이 출범하면서 민관협력형 마을계획이 본격적으로 수립되기에 이르렀다.[37] 김진범

34) 우리나라의 지방자치제는 1949년 7월 제정·공포된 지방자치법에 따라 도입되었으나 1995년 제도가 부활, 시행되기까지 70년 동안 정치제제의 급격한 변화를 겪으며 부침을 거듭하여 왔다(선한주, 2020: 9).

35) 1998년 읍·면·동의 기능 개편과 함께 출발한 주민자치위원회는 2013년부터 현재까지 주민자치회로 전환되는 과정에 있다(윤준희, 2021: 40).

36) 마을계획의 단계별 프로세스는 '마을기획단 구성 → 마을회의 → 마을조사 → 마을계획 수립 → 마을총회 → 마을계획 실천단 구성'의 순으로 짜여 있다.

37) 2000년대 초반의 자발적 마을계획의 사례로는 홍성군 문당리의 100년 계획, 인천시 가좌동의 의제발굴 활동 등이 있으며 2013년 이후 민관협력형 마을계획의 대표 사례로는 안산시의 사이좋은 사이동 주민의 손으로 손으로 만드는 마을계획, 수원시 마을계획단의 민관협력 마을계획 등이 있다. 대전 서구의 경우는 2015년에 주민주도형(지역복지관 중심) 마을계획 수립활동 사례를 보고한 바 있다(선한주, 2020: 17-18; 구장완, 2018: 117-134). 이와 유사하게, 시·군 지역(충남 당진시 면천면 삼웅리) 중에는 일제 강점기인 1930년대에 마을규약이 제정된 사례가 보고된 바 있다(유재석,

외(2008)는 마을계획에 대해 "마을의 현안을 가장 잘 알고 있는 주민이 직접 참여하여 공통의 비전과 미래상을 실현하기 위해 여러 조직간 의사소통과 상호협력을 하면서 작성하는 종합계획"이라고 규정한 바 있다(김진범 외, 2008).

마을회의는 이러한 마을계획의 개념과 목적을 달성하기 위해 마을주민들이 자발적으로 또는 민관협력으로 개최하는 집단적인 합리적 의사소통행위(communicative act)[38]의 과정이자 공론장이다. 실제로 2015년 10월 대전시 서구 정림종합사회복지관의 주도로 개최된 '주민주도형(지역복지관 중심) 마을계획 수립을 위한 마을회의'는 합리적이고 진정성 있는 의사소통을 위해 마을주민들을 중심으로 '100인의 원탁회의'[39]를 성황리에 개최한 바 있다(구장완, 2018).

마을회의는 남녀노소에 구애 없이 마을의 주민 모두가 자발적으로 참여하는 개방형 공론장이다. 이 회의에 참석한 주민들은 마을에 필요한 것, 마을에서 개선해야 할 것, 폐기하거나 제거해야할 것에 대해서 허심탄회한 논의를 이어간다. 원탁회의에서는 발굴된 마을이슈를 더 깊이 탐색하기 위해 마을구성원들을 중심으로 분과위원회를 구성하고, 각 분과위원회 주도로 '마을조사' 활동을 실시한다. 분과별 마을조사가 마무리되면 주요한 마을의제를 정리하고 이를 해결하기 위해

2018: 18-20).

38) '의사소통행위'의 개념은 하버마스가 공론장 이론을 개진한 후 1980년대에 내놓은 두 권의 책 《의사소통행위이론(The theory of Communicative Action) 1, 2》(1981/1984)에서 주창한 것이다. 하버마스는 18세기 공론장의 부활을 위해서는 정치나 경제권력의 '체계'가 사적인 '생활세계'에 침투하여 식민화하지 못하도록 개인 간의 합리적이고 진정성 있는 의사소통 행위가 이어져야 하고, 그것을 토대로 체계로부터 독립적인 네트워크를 갖춘 자발적 결사체로서 생활세계를 구축해나가야 한다고 주장하였다(Ritzer · 한국이론사회학회, 2006: 195-199; 조나단 터너 · 김윤태 외, 2019: 602-608; Ritzer, 2005: 599; 이태동 외, 2017: 48-5; 다나카 마사토, 가츠키 타카시 · 황명희, 2019: 203). 이러한 점에서 합리적 의사소통행위는 공론화 과정의 필수적인 요소가 된다고 볼 수 있다.

39) 정림종합사회복지관은 2015년의 100인의 원탁회의 이후 100인의 어린이원탁회의도 여러차례 개최하였다(구장완, 2018).

마을사업계획 수립, 마을사업계획 달성을 위한 의사결정 과정으로서 '마을총회'를 개최하게 된다.

이러한 '마을회의' 모델은, 현재 마을리빙랩 활동에서 매우 유용하게 활용되고 있다. 다만, 마을리빙랩 활동은 몇 가지 점에서 마을회의와 차이가 있다. 첫째, 마을리빙랩 활동에서는 주민 100인 내외에 이르는 대규모의 마을회의가 반드시 실행되지는 않는다. 둘째, 마을리빙랩의 공론장을 통해 제안되는 실험이슈 중에서 마을과 지역이 안고 있는 폭넓은 사회문제가 차지하는 비중은 상대적으로 낮다. 〈그림 5-3〉 참조.

〈그림 5-3〉 마을리빙랩의 워크숍 회의 모습

*자료: 시민참여연구센터 제공

이러한 두 가지 차이점의 주된 원인은 마을리빙랩의 토대인 리빙랩의 기원 자체의 특성에서 찾을 수 있다. 리빙랩은 심각하고 거대하며 광범위한 사회문제의 해결에 뿌리를 두고 출발한 것이 아니다. 조금은 소박하게, 개인이 안고 있는 실생활 속 환경에서 발견되는 불편사항을 신기술로 개선해나가고자 하는 목적에 근거를 두고 등장했다. 따라서 직접적으로 문제를 겪고 또 해결해나가야 할 필요를 가지고 있는 집단이나 조직의 실험참여자가 마을회의 참여자의 숫자를 넘어서기는 어렵다. 같은 맥락으로, 마을리빙랩에서는 과학기술에 기반한 솔루션 적용과 해결을 기대하는 실험이슈들이 더 많이 발굴되는 특성이 있기 때문이다.

셋째, 마을리빙랩에서는 마을회의 이후에 진행되는 마을계획수립, 마을총회, 마을계획실천단 구성 등의 프로세스를 반드시 따르지는 않는다. 마을리빙랩은 실험이슈를 발굴하고 실험의제를 선정한 뒤 솔루션을 적용하여 문제를 해결하게 되면 사실상 전체 프로세스가 종료된다고 할 수 있다. 솔루션을 적용하여 문제를 해결하는 과정에서 이미 문제해결이 완료되었다고 볼 수 있기 때문이다. '마을계획' 또한 마을 구성원의 참여와 활동 과정을 중시하는 특성을 가진다는 점에서는 동일하지만, 마을리빙랩은 마을계획처럼 거대하고 장기적인 실천체계의 맥락을 반드시 따르지는 않기 때문이다. 이 또한 리빙랩의 기원적 특성에 뿌리를 두고 있는 마을리빙랩의 특징에서 발생하는 차이점이라고 볼 수 있다.

특히, 마을계획의 '마을계획실천단'에게 주어지는 주요한 역할 중 자원연계와 분배의 문제(주요 공모사업의 확인, 의제별 공모사업 결정, 실천단 내 역할분담 등 주요의제들을 어떻게 해결하고 어떠한 공모사업에 신청하여 사업진행을 할 것인지 등과 관련한 문제) 등의 활동은 마을리빙랩 활동에서 흔히 진행되지 않는다. 리빙랩에서는 '사용자-연구자-개발자-공급자'라는 다수의 이해관계자(stakeholders)가 이미 프로세스 수행과정에서 공동으로 이익의 극대화를 달성했을 가능성이 높기 때문이다.

2) 직접투표 의례: 실험의제 확정

현재 마을리빙랩 활동에서, '실험이슈'를 의제화하고 실험의제 후보에 오른 이슈를 최종 '실험의제'로 확정하는 과정은 대부분 '직접투표 의례'를 통해 실행되고 있다. 그러나 이 과정에서 마을계획이 진행하는 마을총회의 모델, 즉 모든 마을주민이 참여하는 개념의 총회가 실행되지는 않는다. 실험과제 확정 시에 솔루션의 상황을 염두에 두어야 할 필요성이 있는 까닭에 마을주민들 외에 솔루션 전문가들이 이 회의에 참여하게 된다.

대부분 워크숍의 형태로 진행하는 이 단계의 활동에서는, 솔루션 체계에 연결되어있는 다양한 행위자들을 전문가로 초청하는 것을 원칙으로 한다. 예를 들어, '최첨단 설비를 갖춘 안전한 횡단보도의 설치'를 실험의제의 최종 솔루션 안건으로 올려놓았다면, 이와 관련된 과학기술적, 법적, 제도적 전문가 및 행정관료(혹은 실무자) 등을 반드시 초빙해야 한다. 교통시스템 전문가, 첨단 신호등 개발자 혹은 공급자, 행정당국의 교통 관련 관료 혹은 실무 담당자, 경찰공무원, 그리고 기타 솔루션 지원에 필요한 다양한 관계자들을 초청해야 한다. 아직 개발되지 않은 서비스나 발명되지 않은 제품을 솔루션으로 채택해야 하는 경우라면, 프로토타입(prototype)을 제작할 수 있는 메이커(Maker)를 섭외해야 한다.

마을리빙랩에서는 이처럼 실험의제를 확정할 때 반드시 전문가를 초청하여 솔루션 문제에 대해 논의하고 자문을 얻는 과정을 필수적인 코스로 설정하고 있다. 이는 리빙랩의 본질적 취지에서 벗어나지 않기 위함이며, 이 점은 마을계획 등의 자치활동과 구별되는 특징이다.

그러나 이 과정에서 전문가들로부터 얻은 자문은 대개, 주민들이 솔루션의 방향을 선택하는 것을 돕는 정도의 기능을 할 뿐이다. 전문가들이 솔루션을 직접 지정해주거나, 주민들을 대신해서 솔루션을 선택하는 결정행위를 하지는 않는다. 전문가들은 다양한 솔루션의 제안자로서의 역할을 수행할 뿐이다.

실험의제를 최종 확정하는 직접 투표는, 전자투표와 스티커 투표 방식을 주로 활용한다. 전자투표는 개인별 전자식 투표 단말기를 활용하는데, 즉석에서 투표 결과를 확인할 수 있는 장점이 있다. 직접투표이며, 개인단말기를 사용하므로 비밀투표에 해당하기도 한다. 투표인 수가 많고 개인의 표결상황이 노출되지 않아야 좋은 경우, 예를 들면 의사결정 과정에 이해관계가 개입될 소지가 있는 의사결정 시에 활용하면 유용하다. 리서치(research) 회사인 사회조사 전문기관에 의뢰하여 진행한다. 반면, 스티커 투표는 투표 인원이 소수이며 표결상황이 노출되어도 문제가 될 소지가 적고, 오히려 표결상황의 노출이 참여자의 바람직한 의사결정을 도울 수 있는 경우에 활용하면 좋다. 〈그림 5-4〉 참조.

〈그림 5-4〉 마을리빙랩 워크숍의 직접투표 의례

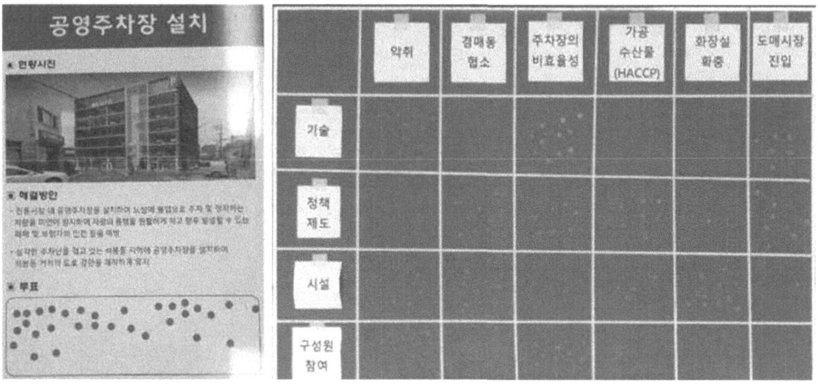

*자료: 석봉동 리빙랩사업단 · 시민참여연구센터 제공

지금까지 살펴본 바와 같이, 마을리빙랩에서 행해지는 합리적 의사소통 과정으로서 공론장 논의, 대의민주제를 넘어서는 직접투표 의례 등은 주민자치의 전형적 실천 행위라고 볼 수 있다. 복수의 연구자들은 주민자치에 대해, "일정한 지역에 거주하는 주민이 자신들과 관련된 사안을 자신의 부담으로 스스로 결정하고 집행하며 책임지는 민주주의 원리"(최근열, 2014)라고 하거나 "지역의 문제를 스스로 해결하기 위해 직접 참여하고 일정한 의사결정권한을 행사하는 것"(이호, 2018)이라고 하였다. 이 개념에 비추어볼 때 마을리빙랩의 이러한 과정들은 실생활 현장에서 발견할 수 있는 주민자치의 꽃이라고 표현해도 좋을 듯하다. 나아가 2015년에 주민자치의 새로운 패러다임으로 제기된 '생활자치'[40]에 더 근접한 활동이라고 평가할 만하다.

40) 2015년 10월 행정자치부는 '주민이 행복한 생활자치'를 미래비전으로 선포하고, 단체장·의회 중심의 '제도자치'로부터 주민중심의 '생활자치(生活自治)'로의 패러다임 전환을 선언하였다(행정자치부, 2015). 생활자치는 마을을 중심으로 주민조직 및 네트워크 형성을 통해 집단 역량을 키우고 그 역량을 활용해 의제를 스스로 해결하며, 정부와 파트너십을 형성하여 문제를 해결해나가는 것이다. 이는 제도자치 집중으로 인한 실질적인 지방자치 성과 체감도 저하, 지방의원·단체장에 대한 낮은 신뢰도, 지자체의 책임성·자율성 약화라는 한계를 극복하기 위한 대응이었다(곽현근, 2015b).

제6장

마을리빙랩의 솔루션 실행체계

제6장
마을리빙랩의 솔루션 실행체계

‘실험의제’로 선정된 마을의 문제는 이제 솔루션(solution)을 적용하여 직접적인 문제해결 과정에 나서는 본격 리빙랩 실험단계로 이행하게 된다. 우리말로 해법, 해결책 등으로 번역되는 ‘솔루션’은 개별적이고 단일한 방안만을 의미하지는 않는다. 솔루션을 적용해야 할 대상에 대한 전반의 운영체계를 말한다. 컴퓨터를 예로 들어보면, 컴퓨터 내부의 각 부품들이 용도에 맞게 각각의 기능들을 잘 수행할 수 있도록 관리하고, 문제가 발생했을 때에는 문제를 처리하기 위해 하드웨어와 소프트웨어를 연동하여 관리하는 체계로 볼 수 있다.

이렇게 볼 때 마을리빙랩의 솔루션 체계는 단일한 ‘실험의제’의 문제점만을 개선하기 위해 1개의 답안을 제시하는 것이 아니라, 실험의제를 그물망처럼 둘러싸고 있는 전체적인 환경과 맥락을 고려하면서 다양한 해법을 제시하려는 시도이다. 이러한 솔루션의 개념은 마을리빙랩이 단일한 실험의제의 해결에 머물지 않고 장기적으로 마을과 지역을 넘어 전(全) 사회를 포괄하는 ‘사회혁신’으로 나아갈 수 있음을 시사하는 것이다. 이 장에서는 마을리빙랩에서 실험의제에 대한 솔루션 실행이 어떠한 과정으로 진행되며, 그 실행체계는 또 어떠한 구조와 시스템을 가지고 있는 살펴보고자 한다.

1. 실험의제의 솔루션 탐색

마을리빙랩 활동에서 '실험의제'가 선정되면 연구자들과 연구참여자들은 솔루션 탐색에 돌입한다. 실험의제가 어떠한 사안이냐에 따라 신기술, 첨단기술 등을 적용하는 것이 가능하기도 하고 그렇지 않기도 하다. 그러나 언뜻 과학기술과 관련된 해법을 적용하는 일이 불가능한 것처럼 보이는 실험의제의 경우에도 다양한 솔루션 탐색작업을 진행하다 보면 넓은 의미에서 과학기술의 영역과 완전히 동떨어진 솔루션만 도출되는 것은 아니다.

그 이유는 일차적으로, 연구자와 연구참여자들이 마을리빙랩 활동 과정에서 리빙랩의 본질에 대한 인식(과학기술 기반의 문제해결 과정과 솔루션을 강조하는 흐름에 대한 인식)이 높아졌기 때문이다. 또, 이미 한두 차례에 걸쳐 과학기술 관련 분야의 전문가들과 워크숍 등을 거치면서 솔루션의 대략적인 방향을 결정했기 때문이기도 하다. 그러나 보다 근원적으로는, 과학기술이 고도로 사회화되어 이제는 사람의 생활에 깊이 개입하는 환경이 되었기 때문이다. 후자의 의미는 과학기술이 지식이나 기술의 의미를 초월하여 '사회적 존재'가 되었다는 것을 의미하는 데 특히, 과학기술의 성과가 사회 속에 깊이 침투한 결과 그것이 사회 전체의 활동에 암암리에 큰 영향을 미치게 되었다는 것을 말한다(나카지마 히데토 · 김성근, 2013: 6-7).

실제로 마을리빙랩 실험의제에 대한 솔루션 탐색 과정에서는, 과학기술에 대한 사회적 존재로서의 인식 그리고 리빙랩의 태생적 특성과 본질에 대한 이해가 연구자 및 연구참여자들에게 강조된다. 이러한 배경 하에 마을리빙랩 연구진은, 다음과 같은 항목들에 집중하여 구체적인 솔루션을 탐색한다. 첫째, 실험의제의 문제점을 해결할 수 있는 과학기술 솔루션들이 현재 개발되어 존재하는가? 존재한다면 어떠한 기술들이 있는가? 둘째, 검토 대상인 과학기술 관련 솔루션은 현재 시장에서 사용되고 있는가? 셋째, 시장에서 상용화된 과학기술이라면 비용은 얼마나 하는가? 넷째, 우리마을 실험의제에 적용하였을 때 문제해결력과 효과가 뛰어난 기술인가? 다섯째, 우리마을 실험의제에 적용하는 과정과 솔루션 도입에 법제도, 정책, 행정, 재정 등의 면에서 장애물은 없는가?

그러나 일종의 운영체계에 해당하는 솔루션의 특성을 고려한 탐색도 아울러 진행된다. 대부분 사회적, 정책적, 행정적 문제해결 방안으로서의 솔루션들이다. 이하에서는 필자가 연구책임자로 참여한 대전의 A마을과 B마을, C마을의 리빙랩 활동에서 솔루션 탐색이 어떠한 과정과 내용으로 이루어졌는지 살펴보고자 한다.

1) 대전 A마을의 사례

대전의 A마을의 리빙랩 활동에서는 93개의 실험이슈가 발굴되었는데 공론화 및 직접투표를 통해 최종적으로 3대 '핵심의제'를 선정하였다. 3대 핵심의제는 △미세먼지(매연, 공사장 분진 등) 심각△(상업지구, 주거지구의) 주차공간 부족 △주민복합커뮤니티 공간 부재 등이었다. 이 중 '미세먼지' 상황과 관련하여 주민들은 일상생활 불편(원활한 환기 불편, 실외 체육활동의 어려움 등), 건강 문제(호흡기 질환 우려 등), 가계 부담 증가(공기청정기 구입, 호흡기 개선 음식과 물품 구매 등)의 심각한 실태를 지적했다.

그리고 그 원인을 논의한 결과, 사방이 큰 도로망으로 둘러싸인 마을의 특성상 자동차 배기가스로부터의 노출이 심하고 인접한 레미콘 공장과 재건축 중인 아파트 건설 현장의 분진 발생이 심각한 것으로 지목되었다. 근본적인 원인으로는 기후변화가 언급되기도 하였다.

A마을의 주민들이 이러한 상황에 대해 제안한 솔루션은 매우 다양

하였는데, 그 내용을 소개하면 다음과 같다. 첫째, 마을 인접 도로를 지나는 대형트럭과 자동차에 대해 속도 규제 및 단속을 강화하는 것을 법제화하기 둘째, 마을 인근에 있는 대전산업단지의 이전 촉구 셋째, 에너지 절약 생활화 넷째, 마을에 공기정화식물 식재 확대 다섯째, 마을에 미세먼지 측정망 설치, 여섯째, 주민들의 자발적인 마을 미세먼지 측정 · 조사 일곱째, 정확한 원인 규명을 위한 민관협력 여덟째, 미세먼지 대책을 위한 예산 배분 · 지원 아홉째, 언론의 (미세먼지 등과 관련한) 재난안전 홍보 활성화 열째, 다른 동네로 이사하기 등이다(시민참여연구센터 · 대전마을활동가포럼, 2018: 144-175).

주민들이 제안한 솔루션의 내용을 분석해보면, 크게 세 가지의 특성이 확인된다. 하나는, 주민들이 자치적 문제해결의 의지를 드러내 보인다는 점이며 다른 하나는, 법적 · 행정적 · 정책적 개선 및 지원에 대한 요구가 있다는 점이다. 마지막으로 과학기술적 해결방법에 대한 솔루션 제안을 볼 수 있다.

이렇게 볼 때, 주민들은 짧은 마을리빙랩 실험활동 기간에도 불구하고 리빙랩의 목적과 취지에 대해 높은 이해도를 확보하게 된 점이 확인된다. 즉, 미세먼지 측정망 설치, 미세먼지 측정조사, 미세먼지 저감을 위한 에너지 절약의 생활화 등 사람들의 실생활 속 환경이라는 요소로 작동하는 과학기술에 대해 넓게 이해하고 있음이 확인되는 것이다. 또, 솔루션에 대해서도 올바른 이해도가 형성되었음이 확인된다. 심각한 미세먼지 문제에 대해 '미세먼지 저감 요구'와 같은 직접적이고 단일한 요구만을 제안하지 않은 점, 즉, 그물망처럼 연결되어있는 사회적, 법적, 정책 및 행정적 맥락을 놓치지 않고 있기 때문이다. 다음으로, 주민자치적 욕구의 발현이 엿보인다. 주민들 스스로 문제의 원인에 대해 직접적인 탐색과 규명을 원하는 '자치 욕구'가 확인되는 대목이다.

2) 대전 B마을의 사례

대전 B마을의 리빙랩 활동에서 도출된 실험이슈는 모두 102건이었다. 이 마을에서도 마을회의와 직접투표를 거쳐 최종적으로 '핵심의제'가 3가지로 압축되었다. 최종 선정된 핵심의제는 △문화 · 편의시설 부족 △버스노선 부족 △도시재생지구 치안 · 보행자 안전 문제 등이었다. 이 가운데 마을 중심부에 자리한 도시재생지구의 치안 · 보행자 안전 문제와 관련하여 주민들은 치안 불안과 무서움, 사고 위험, 청소년 탈선 우려, 마을 미관 불쾌, 쓰레기 방치로 인한 악취 발생, 불법주차 만연 등과 같은 불안전, 위험 우려에 대한 실태를 고발하였다.

주민들은 이러한 문제와 관련하여 재건축 과정에서 빈집, 공터, 노후주택의 증가가 가장 큰 원인이라고 입을 모았다. 그러다 보니 쓰레기 무단투기, 불법주차 등이 끊이지 않고 일어난다는 것이다. 그러나 재건축이라는 과정이 불가피하다면 공사가 완료되는 시점까지 일시적으로라도 대책이 필요하다고 진단하였다.

B마을 주민들이 '도시재생지구 안전문제'와 관련하여 제안한 솔루션은 다음과 같았다. 첫째, 신속한 재개발 및 재건축의 진행 둘째, 셉테드(CPTED)[41] 설계기법을 활용한 범죄 예방(CCTV 설치, 비상벨, 스마

---

41) CPTED(Crime Prevention Through Environmental Design)는 우리말로 범죄예방 환경설계, 범죄예방설계, 범죄예방디자인 등으로 번역되어 쓰이는데, 한국셉테드학회에 따르면 "도시 · 건축환경의 적절한 설계와 효과적인 사용을 통해서 범죄 및 불안감을 감소시키고 삶의 질을 향상시키기 위한 다학제적(multi-disciplinary) 이론이자 실천전략"으로 소개되고 있다. CPTED에 관한 관심은 1960년대 초반 제인 제이콥스(Jane Jacobs)의 저서 『위대한 미국 도시들의 죽음과 삶(Thedeath and Life of Great American cities)』에서 시작되었다. CPTED라는 용어는 1971년 플로리다 주립대학교의 범죄학 교수 레이 제프리(R. Jeffery)가 자신의 저서 『환경설계를 통한 범죄예방(Crime Prevention Through Design)』에서 쓰기 시작하면서 알려졌다. 이후 제인 제이콥스, 오스카 뉴먼 등 건축 도시 전문가들의 연구가 주목받기 시작했으며 1980~90년대에 들어 환경개선을 통해 범죄 공포와 범죄발생률 감소가 나타난다는 다수의 연구 성과가 보고되었다. 현재 CPTED는, 범죄가 '동기를 가진 범죄자, 취약한 대상, 환경'의 3요소가 갖추어질 때 발생한다는 이론에 근거하여 핵심 개념(감시와 접근 통제, 공동체 강화) 아래 다양한 분야에 응용되고 있다. 국내에서는 경찰청이 2005년

트 가로등 증설 등) 셋째, 자율 방범 강화 넷째, 주민들의 자발적인 환경개선 활동(공터 및 빈집, 노후주택 안전관리, 주변 청소 등) 등이었다(시민참여연구센터 · 대전마을활동가포럼, 2018: 172-175).

B마을의 주민들이 제안한 솔루션에서도 앞서 A마을과 동일한 특징을 확인할 수 있다. 즉, 솔루션의 한 방향은, 자발적인 환경개선 등 주민들이 자치적 문제해결의 의지를 드러내 보인다는 점이다. 다른 하나는, 재개발 및 재건축의 신속한 진행 등 법적 · 행정적 · 정책적 개선과 지원에 대한 요구가 있었다. 끝으로, 셉테드(CPTED) 기법을 활용을 포함한 과학기술적 해결 방법이 제안되었다.

3) 대전 C마을의 사례

대전 C마을은 대전광역시 사회적자본지원센터의 마을 리빙랩 시범사업에 선정된 곳으로 실험의제는 '교통약자를 위한 대중교통 개선방안 탐색'이었다. 이 마을은 만65세 이상의 고령자 세대가 전체의 25% 이상이었고, 장애인 및 기초생활수급 대상자 비율도 40%가 넘는 인구학적 특성을 보였다. 그런데 면밀한 현장연구 결과, 마을 입구에 횡단보도 대신 육교가 설치되어 있어서 교통약자들이 무단횡단을 하는 예가 빈번하였으며 운행노선 부족, 불편한 환승체계, 긴 배차시간과 동시배차 및 배차누락 등의 버스운행체계가 주민들에게 큰 불편을 초래하고 있음이 확인되었다.

이러한 실험의제에 대한 솔루션은 연구자 및 연구참여자(마을주민과 조사원으로 활동한 이웃마을 주민들)에 의해 다양하게 제안되었는데, 주요한 몇 가지의 솔루션을 소개하면 다음과 같다. 첫째, LED투

전국 최초로 부천시에 적용한 셉테드 시범사업을 통해 효과가 알려지기 시작했고, 2012년 서울 염리동 소금길에도 CPTED 시범사업이 진행된 바 있다(한국셉테드학회, 2023; 김연희, 2018: 1-14).

광기, LED 바닥보조등, LED바닥신호등이 갖추어진 안전한 횡단보도 신설이 제안되었다. 이 중 횡단선에 LED바닥보조등을 매립하는 솔루션은, 활주로 유도등처럼 횡단보도를 밝혀주기 때문에 야간은 물론 특히 악천후 때 운전자의 사고 유발을 예방할 수 있는 효과가 다수 보고되고 있다. 횡단보도 위에서 바닥을 집중적으로 비춰주는 LED투광기는 야간의 보행자와 운전자 모두를 보호해줌으로써 교통사고 예방 효과가 뛰어난 시설물로 주목받고 있어 교통약자가 많은 이 마을에 꼭 필요한 시설로 제안되었다. 이밖에 무단횡단 금지 싸인블록, 스마트신호등, 과속방지턱 및 과속 경고표지판 등의 제안도 있었다(박혜경, 2021b: 85-96).

둘째, 배리어프리 키오스크(Barrier free Kiosk)와 대중교통정보 안내 서비스 앱 등의 제공이 제안되었다. 이 제안은 이 마을 거주민들이 고령, 장애 등 교통약자의 특징을 가지고 있다는 점에서 이들의 정보취약성을 개선하고 정보취약계층의 디지털 격차 해소를 지원하기 위한 의도로 제안된 것이었다. 배리어프리 키오스크(Barrier free Kiosk)는 장애인과 고령층 등 사회적 약자도 편리하게 사용할 수 있도록 음성, 안면인식, 수어 영상 안내 등 정보기술을 적용한 터치스크린 방식의 무인 정보단말기로 2021년 국내의 키오스크 전문업체 L社가 정부와 공동으로 개발한 기기이다. 연구진과 주민들은 이 배리어프리 키오스크에 이 마을을 지나는 대중교통정보 안내 서비스 앱을 설치하게 되면 교통약자인 마을 주민들의 불편이 조금이나마 해소될 수 있을 것으로 기대하였다(박혜경, 2021b: 97-101).

셋째, 스마트 승강장 또는 공유차량 플랫폼과 연계·구축한 배리어프리 스테이션(Barrier free Station) 확충이 제안되었다. 이 마을에 교통약자들이 다수 거주하는 만큼 공기청정기, 냉난방시설, 온열의자, 시자체 통합관제센터와 연계된 방범용 CCTV 등이 갖추어진 스마트 승강장이 다른 어느 곳보다 필요하다고 보았다. 특히 배리어프리 스테이션(Barrier free Station)은 휠체어를 이용하는 장애인, 유모차 보행자, 노약자 등이 불편없이 승강장을 이용할 수 있도록 자동문시스템 등이 갖추어진 승강장인데, 공유차량 플랫폼과 연계·구축하게 되면 병원 이용이 잦은 장애인과 자에게 더없이 유용한 시스템이 될 것으로 기대하였다(박혜경, 2021b: 105-107).

이 마을의 실험의제(대중교통 서비스 개선방안 탐색)에는 법, 제도, 행정 등의 지원이 필요한 솔루션도 제안되었지만, 세밀한 현장연구를 실시한 결과 과학기술과 관련된 신기술 솔루션이 매우 다양하게 제안되었다는 특징이 있다. 이러한 점은 이 마을의 리빙랩 활동이 리빙랩 본연의 취지에 걸맞은 활동 결과를 도출했다고 평할 수 있는 부분이다.

2. 실험의제의 솔루션 지원체계

솔루션 탐색이 완료된 '실험의제'는 직접적인 솔루션 적용 단계로 이행하게 된다. 솔루션과 관련된 과학기술의 지원 방식을 찾아, '직접적인 실험'에 착수하게 된다. 그런데 이러한 직접적인 솔루션 적용 및 실험을 위해서는 솔루션 지원체계에 대한 이해가 필요하다. 예를 들어, 미세먼지 저감을 위한 법제도화 요구를 위해서는 현행법에 대한 지식, 법규의 제안·제정·발의에 필요한 정치적·법제적 프로세스에 대한 이해, 기타 법제도 실행자와의 연계 등 여러 전문가의 도움이 필요하다.

따라서 직접적인 실험의 실행에 앞서 이러한 전반의 체계를 이해하고 그 체계의 맥락을 구체적으로 활용할 수 있는 역량을 키우는 작업이 필요하다. 우선, 실제적 지식의 습득(법제화 과정과 관련한 지식,

법제화 지원체계에 대한 지식, 미세먼지와 관련한 과학기술적 지식 등)을 위한 학습과정이 필요하다. 다음으로, 실험에 직접적으로 도움을 제공해줄 수 있는 솔루션 지원업체에 대한 정보습득 및 연계 작업이 요구된다. 나아가, 이러한 제반 솔루션체계를 원활히 구축하기 위해 주민들이 각자 역할(role)을 맡아 수행하는 과정도 꼭 필요하다.[42]

그렇다면 마을리빙랩에서 실험의제와 관련하여 직접적인 실험을 위한 솔루션 체계는 어떻게 되어 있을까? 이 절에서는 과학기술 지원체계, 지자체 · 행정지원체계, 기타 지원체계의 순으로 마을리빙랩 실험의제의 솔루션 지원체계를 몇 가지 소개하고자 한다.

1) 과학기술 지원체계: 공동창조(co-creation)

리빙랩의 주요한 특징이자 운영원칙 중 하나로 꼽히는 것은 '공동창조(co-creation)' 방식이다. 이는 '사용자(소비자)-개발자' 간의 직접적인 협업(collaboration)을 통한 제품 및 서비스 생산방식에 해당한다. 마을리빙랩 실험에서 이러한 공동창조의 환경을 이끄는 그룹 중 하나는 바로 메이커(Maker)그룹이다. 또, 보다 넓게는 다양한 정부출연 연구소, 기업연구소, 대학 등 과학기술 관련 유관기관 등도 리빙랩의 공동창조 원칙을 돕고 있다.

---

42) 이러한 과정들은 역할(role)을 맡은 행위자(actor)로서 주민들이 다양한 비(非)인간 행위자들, 예를 들면 법제도와 법지식, 행정지원체계, 과학기술 관련 지식, 자치의회 의원. 자치단체 행정인력. 과학기술 전문가 등 관련 행위자, 직접적인 실험장비와 시설 등을 지원해주고 실행해줄 수 있는 행위자로서 메이커그룹, 그리고 그들이 솔루션을 위해 창조한(새로 만들어낸) 프로토타입 등의 비(非)인간행위자들이 긴밀하고 역동적으로 상호작용하는 관계망 하에서 움직이는 체계라고 할 수 있다. 이처럼 사회 속의 과학기술의 다양한 활동을 설명하는 학문을 과학기술학(STS)이라고 하는데, 과학기술학 이론 중 이와 같은 활동체계는 ANT(Actor Network Theory), 우리말로 '행위자연결망이론'으로 잘 설명될 수 있다. 과학기술학의 역사, 개념 및 이론과 관련하여서는 윤정로(2015), 홍성욱(1999), 김환석(2009; 2011) 등의 저서를 참조하기를 권장한다.

(1) 메이커(Maker) 그룹

메이커(Maker)는 공방(工房)에서부터 개인 제조업체에 이르기까지 그 규모와 활동의 편차가 상당히 크지만 '소규모 제조(업)' 정도로 이해될 수 있다. 이들이 생산하는 제품들은 가히 창조에 가까울 정도로 기발하며, 대부분 현재 존재하지 않는 제품을 개발하는 특성이 있다. 드물게 대량생산 등으로 사업이 확장되는 업체도 있지만, 대부분은 자신들이 운영하는 '랩(lab)'을 통해 물품 제작 및 판매를 실행하는 데 주력한다. 또, 이들이 제작·판매하는 제품들은 배리어프리(barrier free), 적정기술, 자원순환 등의 개념에 기반하여 소외계층이 안고 있는 문제나 사회적 문제를 해결하는데 목표를 두고 있다는 특징이 강하다. 따라서 이들 대부분은 '소셜 벤처기업' 유형으로 분류되고 있는데, 이러한 특성 때문에 이들의 활동은 마을리빙랩의 '공동창조' 원칙에 기여할 여지는 매우 크다. 실제로, 마을리빙랩 실험활동의 최종 과정에 해당할 수 있는 '프로토타입(prototype)'[43] 제작에 이들 메이커들이 적지 않게 참여하고 있다.

메이커(maker)의 사전적 의미는 '상품을 만든 사람' 또는 '그 회사', '제작자', '제조업체' 등으로 언급되고 있다. 과거의 목수나 대장장이 등의 작업 개념에서부터 시작하여 현재는 컴퓨터를 기반으로 하는 창의적 제작자 개념으로까지 매우 폭넓게 확장되어 있다. 이러한 개념들은 메이커스(makers)를 주창한 국내·외 혁신가와 전문가들에 의해 '공예가, 제작자, 발명가, 제조기업' 등의 주체들이 '창의적으로, 새로운 산업혁명을 주도하고, 문제를 해결하며 자발적 참여를 통해 디지털 시대를 이끄는 활동'으로 구체화 된 상황이다. 〈표 6-1〉 참조.

43) 프로토타입(prototype)은 신제품의 개발 검증 및 양산을 위한 시제품 직전의 제품 원형을 말한다.

〈표 6-1〉 메이커스의 개념들

주창자	개념
메이크 메거진 (Make Magazine)	집안 물품을 포함한 값싼 재료를 이용하여 복잡한 프로젝트를 수행하거나 물건을 만들기를 즐기는 사람으로 DIY활동에 과학기술을 접목하고자 하는 사람
데일 도허티 (D. Dougherty)	인터넷과 3D 프린터 같은 새로운 생산도구를 이용하여 독창적인 제품을 만들어내는 사람들을 메이커스라고 부름
크리스 앤터슨 (C. Anderson)	"다가올 새로운 산업혁명을 주도하여 제품 제작 및 판매의 디지털화를 이끄는 사람, 기업" 을 메이커스라고 정의함
알리버티 & 마이에타 (Aliverti & Maietta)	메이커(Maker)란 본래 상품을 만드는 사람, 또는 그 회사, '제작자' , '제조업체' 를 의미함. 하지만 2006년 이후부터 디지털 기기와 도구를 사용하여 창의적으로 만들기 활동에 참여하여 자신의 아이디어를 실현하는 사람을 메이커스로 부르고 있음
마크 해치 (M. Hatch)	발명가, 공예가, 기술자 등 기존의 제작자 카테고리에 얽매이지 않으면서 손쉬워진 기술을 응용해서 폭넓은 만들기를 하는 대중을 메이커로 언급함
데이비드 랭 (D. Lang)	무엇인가를 만들거나 생산하는 사람으로, 물리적인 방식으로 자신의 세계에 영향을 미치고 변화를 초래하는 사람을 메이커스로 지칭함
에릭 레이먼드 (E. Raymond)	메이커는 문제를 해결하고 만들어내며, 자유와 자발적인 상호협력을 믿는 사람을 말함
한국과학창의재단	메이커는, 단순히 S/W와 H/W 기술을 활용하여 제품(Product)을 생산하는 제조자(製造者)가 아니라 창의력 · 상상력이 풍부한 창의문화와 융합형 과학기술을 겸비한 창작자(創作者)를 의미함
박주용	메이커는 남녀노소의 구분 없이 자발적, 직접적 참여를 통해 만드로, 협력하고 공유하며, 학습하고 발전하며, 순수한 즐거움을 추구하고, 이를 통해 자신의 범위를 확장하는 사람임

* 자료 : 이건웅 · 양덕모, 2019: 39.

메이커, 메이커 운동이라는 용어는 오래 전부터 형성된 개념이지만 2005년 창간된 메이크 매거진(Make Magazine)을 통해 공식적으로 처음 언급되었고 2006년 첫 메이크 페어(Make Fair)가 미국 캘리포니아 산마테오에서 개최된 이래 전(全) 세계적으로 확산하여 통용되고 있다. 이 용어는 영어의 maker에서 기원하여 메이커스페이스(maker space), 메이커 문화(maker culture), 메이커 교육(maker education), 메이커 운동(maker movement) 등 다양한 용어로 확산되어 쓰이고 있다(이건웅 · 양덕모, 2019; 김윤정 외, 2019; 박혜경 · 김민수 · 위선희, 2021: 29).

'메이커 집단(Maker group)'을 의미하는 메이커스(Makers)는 2016년 세계경제포럼(다보스포럼)에서 미국의 메이커스 운동을 하나의 사례로 제시하면서 관심을 끌게 되었다. 이후 전 세계적으로 4차 산업혁명의 분위기가 촉진되면서 21세기 디지털제조업의 새로운 동력으로 주목받게 된 상태이다. 한국과학창의재단 메이크올도 "메이커(Maker)란 디지털기기와 다양한 도구를 사용한 창의적인 만들기 활동을 통해 자신의 아이디어를 실현하는 사람으로서 함께 만드는 활동에 적극적으로 참여하고, 만든 결과물과 지식, 경험을 공유하는 사람들"로 정의하고 있다. 특히 "단순히 S/W와 H/W 기술을 활용하여 제품(Product)을 생산하는 제조자가 아니라 창의력 · 상상력이 풍부한 창의문화와 융합형 과학기술을 겸비한 창작자를 의미"한다고 강조함으로써 4차 산업혁명 패러다임에 정합성이 높은 제조자의 개념을 분명히 하고 있다.

최근에는 소규모 개인 '제조창업'[44]으로 확산되는 추세이기도 하다. 한국과학창의재단 메이크올에 따르면 '메이커 운동'이란 메이커들이 일상에서 창의적인 만들기를 실천하고 자신의 경험과 지식을 나누고 공유하려는 경향을 말하는데, 최근에는 시제품 제작과 창업이 용이해지면서 소규모 개인 '제조창업'이 확산되는 추세에 있으며, 이러한 흐름 역시 메이커 운동의 일부로 이해되고 있다(한국과학창의재단 메이크올, 2021; 박혜경 · 김민수 · 위선희, 2021: 30-31).

---

44) 최근에는 '제조창업'에 이은 '기술창업'도 활성화되고 있다. 기술창업 업종으로는 제조업과, 4차 산업혁명 영역의 지식기반 서비스업 범주에 속해 있는 정보통신, 전문과학기술, 사업지원서비스, 교육서비스, 보건 · 사회복지, 창작 · 예술 · 여가서비스 등이 있다(중소벤처기업부, 2021).

메이커 운동(Maker Movement)은 현재 미국, 중국, 유럽, 일본 등에서 활발하게 확산하고 있다. 국내에는 2004년 무렵부터 메이커로 부를만한 활동들이 등장하기 시작하였고 현재는 정부의 지원으로 개인 '제조창업' 방향으로 확산이 요구되고 있기도 하다. 국내의 메이커 운동은 2000년대 초반 도입되어 2014년 확산기를 거쳐 2017년 이후 성장기에 발을 들여놓은 상태이다. 현재 전국에는 메이커들의 창조공간인 메이커스페이스(Maker Space)들이 형성되어 있으며 중소벤처기업부가 지원·지정한 200여 개의 전문랩과 일반랩, 특화랩이 활동 중이다. 〈부록1 참조〉. 이와 함께 정부의 지정을 받지 않은 민간랩과 주민창작활동 공간, 마을공방 등을 포함할 경우에는 그 수를 헤아리기 어려울 정도에 이른다.

현재 메이커와 관련한 관심은 4차 산업혁명의 가치가 드높아지면서 그 유용성이 더욱 큰 주목을 받는 상황이다. 그러나 국내에서는 아직까지 메이커 그룹들에 대한 관심과 활용이 미약하다. 특히, 협업(collaboration)을 통해 폭발적인 공동창조의 성과를 낼 수 있을 것으로 기대되는 마을리빙랩과의 연계 활동도 활성화되고 있지 못하다. 메이커그룹과 마을리빙랩 주체들 간에 네트워크 구축과 직접 실험활동을 활성화한다면 리빙랩 본연의 원칙들 중 '과학기술에 기반한 공동창조의 활성화'와 이를 통한 사회혁신에 한 걸음 더 빨리 나아갈 수 있을 것이다.

(2) 과학기술 분야 전문가 그룹

다양한 과학기술 관련 정부출연 연구소와 기업연구소, 대학 등 과학기술 관련 유관기관 등도 리빙랩의 공동창조를 위해 마을리빙랩을 지원하고 함께 협업을 도모할 수 있다. 현재 국내에는 '과학기술 분야 정부출연연구기관 등의 설립·운영 및 육성에 관한 법률'을 법적 근거로 하는 국가과학기술연구회 소관의 총 25개 연구기관(부설연구소 포함)이 있다. 또, '정출연법' 제정과 개정 시 연구회 소관으로 이전되지 않고 부처 소관으로 남았거나 신설된 기타 정부출연연구기관은 22개가 있다. 〈부록2〉 참조.

기업부설연구소는 그 수가 매우 많다. 기업부설연구소 제도는 해당 기업이 인적·물적 요건을 갖춰 과기부로부터 관련 업무를 위탁받은 한국산업기술진흥협회(KOITA)에 설립 신고를 하는 방식으로 운영된다. 2018년 이후 최근 5년간 기업부설연구소로 등록한 곳만도 무려 7만4,612곳에 이른다. 그러나 일부 세금 감면 등을 목적으로 개설해놓고 부실한 활동으로 설립 취소에 이르는 경우도 많은 것으로 확인되고 있다(서진욱, 2022).

이와 함께 대학과 과학기술 관련 분야에 종사하는 개인 과학기술자 등도 필요에 따라 협업체계에 포함할 수 있는 그룹이다. 대학의 경우는 중소벤처기업부의 심사를 거쳐 지정받은 특화랩의 형태로 다양한 메이커 활동을 펴고 있다,

그러나 현재 국내 과학기술 관련 전문가 그룹이, 조직 차원에서 마을리빙랩 등 시민 차원의 활동과 직접 협업하거나 개별적으로 공동창조 활동에 나서는 것은 가능하지 않은 게 현실이다. 북유럽 일부 국가(네덜란드)의 경우 정부의 보조금 지원 등을 통해 대학이 학내에 운영하는 과학상점(science shop)[45]에 공간, 인력, 연구비 및 운영비를

---

45) 1960년대 말 네덜란드의 위트레히트 대학에 처음 만들진 과학상점(Science Shop)은 현재 북유럽은 물론 대륙을 넘어 캐나다, 남아공, 북아일랜드 등에서도 운영되고 있는 기술민주주의 운동의 하나이다. 기술영향평가, 위험성평가, 합의회의, 시나리오워크숍 등과 비교할 때 일반인들이 가장 이용하기 용이한 것으로 알려져 있다. 과학상점은 일반인들이나 사회단체로부터 연구나 자문 의뢰를 받으면 적합한 연구자들과 연결시켜주는 것을 주된 업무로 삼고 있다. 이용 수락 조건은 의뢰자가 연구를 독자적으로 수행하거나 외부에 의뢰할 수 있는 경제적 능력이 부족할 때, 과학상점을 통해 얻은 성과가 상업적 목적으로 이용되지 않는다고 판단될 때 등이다(김병윤, 1999: 349-366).

지급하고, 시민들은 이곳을 이용하여 다양한 조사활동의 협조를 받거나 협업하는 일이 가능한 상황과는 대조적이다. 다만, 국내에서도 시민단체 등 공동체의 조직 차원에서 정부출연연구기관의 지원을 받거나 협력하여 실험활동에 착수하기도 한다. 연구기관과의 협력체계 구축은 공동창조라는 리빙랩의 운영원칙을 살리기 위해 더욱 활성화될 필요가 있다.

2) 제도적 지원체계

1절의 여러 사례에서 이미 확인된 바와 같이, 마을리빙랩 실험과정에서 지자체와 행정기관 등의 지원체계는 빼놓을 수 없는 요소 중 하나이다. 마을리빙랩 활동에서 주민들 및 연구자들과 직접적이며 가장 밀접하게 상호작용하는 행정기관은 각 마을의 행정복지센터이다. 또, 각 마을을 관할하는 구청의 관련 부서[46]와도 업무 협력이 빈번하다. 그러나 마을리빙랩의 실험의제가 선정되면 협조를 받거나 상호작용해야할 행정기관의 부서는 단일하게 특정할 수 없이 다양해진다. 구청의 상위 기관인 시청 등의 지자체 단위에 협조를 의뢰해야 할 때도 있다. 시의회, 구의회 등 지방의회 의원들과 공조하거나 지원을 요청할 사항도 많이 발생한다. 필요에 따라서는 지역구 국회의원들의 지원도 필요하다. 실험의제의 사안에 따라 다양한 공공기관의 협조가 필요한 경우도 적지 않다. 마을의 부유한 사업가와 기업의 고위 간부 등을 통해 그들의 사회적 네트워크를 동원해야할 경우도 발생한다,

R. 달(Dahl)은 미국 코네티컷의 뉴헤븐에 관한 연구를 통해 이러한 세력 중 지도자의 위치에 있는 사람들을 '제도적 지도자(institutional leader)'라고 명명하였다. 지역사회의 공식적 지도력의 지위를 점하고

46) 공동체지원, 도시활력, 자치지원 등과 같은 다양한 명칭을 가지고 있으나 마을 및 마을공동체 조직과 관련된 업무를 주로 담당한다.

있으며 선출되거나 임명된 사람들이다. 시장, 시의원, 학교장 등이 대표적이라고 하였다. 문제는 이들이 일상적인 지역사회 행위에 한정하여 권위를 인정받는 사람들이라는 점이다(Poplin · 홍동식 · 박대식, 1985: 240-245). 다시 말해, 공적 업무의 영역에 한정하여 권위를 인정받고 일할 뿐이라는 것이다.

R. 달(Dahl)의 연구에서, 앞서 언급한 마을의 부유한 사업가와 기업체의 고위 간부 등은 권력엘리트(Power Elite)로 불린다. 그들은 지역사회에서 성취한 부와 경제력을 기반으로 개인적 영향력을 갖게 된 사람들로, 흔히 지역사회에서 일어나는 모든 영역에서 영향력을 발휘한다고 한다(Poplin · 홍동식 · 박대식, 1985: 241). 이른바 지역사회 유지에 해당한다고 하겠다.

따라서 마을리빙랩 활동을 통해 효과적인 제도적 지원을 성취하기 위해서는 제도적 지원체계에 속한 지도자 요소들의 역학관계를 잘 활용할 필요가 있다. 제도적 권위와 실질적 권위의 네트워크와 힘의 역학관계를 슬기롭게 활용할 필요가 있는 것이다.

앞서 교통약자를 위한 대중교통 개선방안을 탐색했던 대전 C마을은 버스운행체계를 개선하고 횡단보도를 설치하기 위한 성과를 내기 위해 다양한 기관들의 지원체계에 의존하지 않을 수 없었다. 그들이 원하는 이러한 시설들은 일종의 설비에 가까운 관계로, 시설 자체는 신기술과 관련된 솔루션에 해당할 뿐이었다. 그러나 횡단보도 설치, 노인보호구역 지정 등과 관련해서는 경찰청의 교통안전심의, 지자체의 조례제정 및 예산지원 등이 필요했고 도로교통안전공단, 기타 교통관련 전문가들의 지원과 협력도 요구되는 사안이었다. 이 마을의 활동은 유관기관의 공동현장실사 진행과, 횡단보도 설치를 위한 경찰청 교통안전심의위원회에 안건상정 및 심의가 추진되는 단계로 이어졌다(박혜경, 2021b: 85-96).

3) 기타 지원체계

마을리빙랩의 솔루션 실행과정에는 기타의 지원그룹에 속하는 주체들의 도움이 있다. 먼저, 마을공동체를 지원하는 중간지원조직을 들 수 있다. 대전의 경우 '대전광역시 사회적자본확충조례 제13조'에 근거하여 2013년 10월 설립된 대전광역시 사회적자본지원센터가 있다. 이 센터의 주된 목적은 대전광역시의 사회적 자본 확충이며 이를 위해 시민공동체를 형성하고 성장시키는 활동을 추진하는 것에 있다. 이에 따라 주요 사업으로 마을공동체 구축과 지원, 마을일꾼 발굴 육성, 마을공동체 네트워크 구축, 시민참여 활성화 촉진, 사회자본 확충을 위한 평생학습과 민관협력 등을 시행하고 있다. 각 구별로도 마을공동체 활성화 지원 등에 관한 조례의 제정에 이어 구별 공동체지원센터가 설립되었거나 설립과정에 있다. 마을리빙랩 사업은 현재 이들 중간지원조직의 마을공동체 활성화의 일환인 리빙랩시범사업 등으로부터 지원을 받고 있다. 이들 중간지원 조직은 마을리빙랩사업과 관련하여 공동체조직의 설립, 업무 코디네이터 지원, 사업비 관리, 인력 및 네트워크 연결 등 제반 업무를 돕고 있다.

다음으로, 마을리빙랩 활동을 추진하는 과정에서 리빙랩사업단의 학습, 교육, 견학을 돕는 다양한 전문가 그룹들이 관여된다. 실험의제가 매우 다양하기 때문에 전문가 그룹의 영역을 특별하게 한정하기는 어렵다. 다만 리빙랩 자체에 대한 이해, 솔루션 구축과 관련한 전문지식의 제공 등을 위해 실험의제의 내용과 특성에 따라 다수의 협력자가 참여하게 된다, 여기에는 현장조사와 같은 활동을 돕는 연구자와 조사원 인력도 포함된다.

기타, 마을회의와 실험의제 선정과정에서 대형 회의실 및 워크숍 공간을 제공하는 다양한 공공 및 민간시설(의 관계자), 직접투표 실행을 돕는 사회조사기관(의 관계자들)도 마을리빙랩 활동을 완수하는 데 있어서 소중한 지원체계라고 하겠다.

3. 실험의제의 솔루션 실행

이 단계는 발굴한 의제의 문제점을 해결하기 위해 솔루션을 직접 적용하는 과정이다. 엄밀한 의미에서 보면 마을리빙랩의 진정한 실험과정이 이 단계에 집약되어 있다고 할 수 있다. 이 절에서는 대전 A 마을의 실제 사례를 통해, 실험의제의 솔루션 실행과정을 간략히 소개하고자 한다.

대전 A마을에서 은행나무 열매의 악취 저감 문제는 3대 핵심의제로 선정되지 않았던 안건이었다. 그러나 연구진들 사이에서 솔루션 체계의 경험에 이 과제가 적합하다는 의견이 모아짐에 따라 '은행나무 열매의 악취 저감 솔루션 실험'에 착수하게 되었다. 전체적인 진행 과정과 활동 내용은 다음과 같다(시민참여연구센터 · 대전마을활동가포럼, 2018: 179-186)

- 2018년 9월에 이 마을의 리빙랩공동체가 주민 3,500여 명을 대상으로 마을의 발굴이슈 중 해결을 원하는 이슈를 투표로 선정한 결과 은행나무 열매 악취문제가 2위에 올랐다. 공동체 측은 이 의제로 리빙랩 실험을 하기로 결정하고 다양한 솔루션 탐색에 들어갔다.
- 은행나무 악취 저감의 방법으로는 매우 다양한 솔루션들이 수집되었다. 대표적으로는 암나무 간벌, 암나무 제거, 가로수 수종 변경, 은행나무 퇴출, 열매 고사 약물 처방, 열매 자동수집기 설치 등이 발굴되었다. 리빙랩공동체 소속 주민들과 연구진은 은행

나무를 제거하거나 열매 고사법, 수종 변경 방법 등은 생태계를 위협하는 솔루션이라는데 의견을 모으고, 최종적으로 은행나무 열매 자동수집기를 설치하기로 결정하였다.

- 은행나무 열매 수집기는 일종의 구조물로, 이를 설치하기 위해서는 해당 행정복지센터와 해당 구청의 협조가 필요했다. 리빙랩공동체와 연구진은 2018년 11월 6일 구청과 행정복지센터 관계자 등과 만나 구조물의 시험설치를 요청하는 의견을 제안했다.
- 구청과 행정복지센터의 지지와 협조를 얻어내는 데 성공하였고, 곧바로 마을의 어느 구역에 있는, 어떤 나무를 선택하여 은행 열매 수집기를 설치할 것인가 현장답사에 들어갔다.
- 실험나무 선정과 동시에 지역의 한 '메이커(Maker)'에 의뢰하여 은행 열매 수집기를 어떠한 재질, 형태, 비용으로 제작할 것인지 협의하였다. 리빙랩공동체 관계자들과 연구진의 의뢰사항이 구체적으로 전달되면서 이른바 '공동창조'가 진행되었다. 리빙랩공동체 관계자들과 연구진 측은, 서울 은평구 등 다른 지역에 설치된 수집기가 나무에 못을 박아 설치하거나, 나뭇가지를 훼손하는 형태가 많다는 점을 지적하였고, 그물망의 색상도 초록색을 사용한 다른 마을과 달리 은행잎 색에 어울리는 노랑색으로 요청하였다.
- 수주를 받은 메이커에서는 3D컴퓨터를 활용해 은행 열매 및 나뭇잎을 자동으로 수집하는 그물망구조물 프로토타입(prototype) 1개를 2018년 11월 13일에 완성하였다. 〈그림 6-1〉 참조.

〈그림 6-1〉 지역의 한 메이커가 설계한 은행 자동수집 그물망 설치 예상도

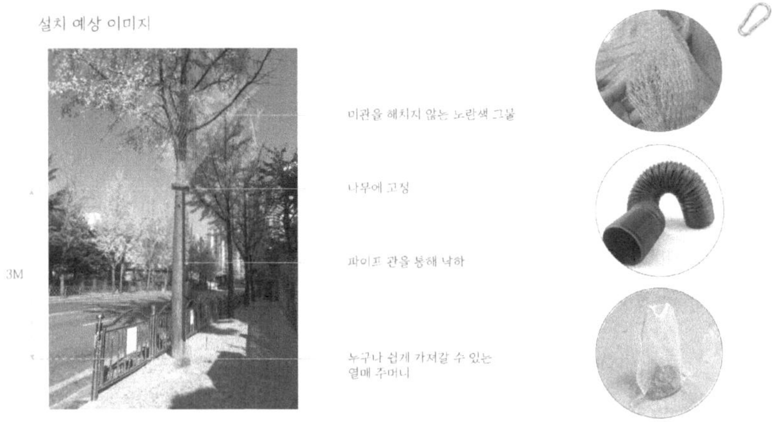

- 2018년 11월 13일에 사전에 선정한 마을의 구역 내 은행나무(암나무)에 크레인을 동원하여 '은행 열매 자동수집 그물망 구조물'을 설치하였다. 설치 기간은 2018년 11월 13일부터 30일까지 3주 동안으로 확정하였다. 연구진과 리빙랩공동체 측은 해당 구조물의 안전성과 효과성 검증을 위해 여러 차례 현장을 방문하기로 하였다.
- 주민들에게 알리는 안내문도 추가로 제작하여 설치하였다. 해당 은행나무에 설치한 구조물이 리빙랩 실험을 진행하는 구조물이며, 설치 기간 동안 훼손 등의 문제가 발생하지 않도록 주민들에게 협조를 구하는 내용이었다. 〈그림 6-2〉 참조.
- 설치 기간 동안 몇 차례 확인한 결과 은행나무 열매가 땅에 떨어져 주민들이 밟고 다니면서 악취와 미끄럼 등의 위험에 처하지 않도록 인도의 환경을 개선해주고 있음이 확인되었다.
- 리빙랩공동체 및 연구진은 이러한 활동상을 대전지역 60여개 신문, 방송, 온라인매체 등에 보도자료를 작성하여 홍보를 요청하

였고, 2개 매체에 관련 내용이 보도되는 성과도 거두었다.

〈그림 6-2〉 은행자동수집 그물망과 주민 안내문이 설치된 모습

*자료: 시민참여연구센터 제공

제7장

지속가능한 마을리빙랩

제7장
지속가능한 마을리빙랩

'우리마을 실험실', '일상생활 실험실' 등의 별칭으로 불리는 리빙랩은 이제 리빙랩의 실험 현장인 우리나라의 마을에서 '마을리빙랩'으로 더 많이 불리는 추세이다. 리빙랩이 2000년대 초반에 서구를 중심으로 ICTs에 기반한 생활 속 거주환경 개선이라는 소박한 목표를 갖고 출발한 지 어언 20년 가까운 시간이 흘렀다. 그 과정에서 리빙랩의 기원과 역사를 찾고 리빙랩과 관련한 이론적 정의와 방법(론)적 토대를 구축하기 위해 연구자들의 많은 노력이 이어져 왔다.

그럼에도 불구하고 리빙랩과 관련한 개념, 이론, 방법(론) 등은 여전히 단일한 지식의 묶음으로 정돈되지 못하고 있다. 그러나 그것은 당연한 결과라고 할 수 있다. 리빙랩은 전통적인 프로젝트의 가치, 이념, 방법과 대조적인 체계를 추구하고 있기 때문이다. 실생활 환경 속에서, 사용자-개발자-공급자-지원자 등 다양한 이해관계자들이 공동의 이익과 이익의 극대화를 달성할 수 있다는 신념 아래, 사용자 주도로 개발자와 공동창조를 실행하는 새로운 프로젝트 실행체계이자 혁신 플랫폼이기 때문이다.

따라서 리빙랩은 끊임없이 진화하는 역동적인 실행의 과정에 있다고 보는 편이 옳다. 그 결과 리빙랩의 이론과 방법론, 개념과 영역과 실체 역시 계속 진화하는 역동적인 프로세스를 지속할 것이다. 이러한 차원에서 국내의 '마을리빙랩'도 리빙랩의 이론과 방법(론)의 토대에서, 살아 움직이는 하나의 새로운 축이 될 수 있을 것이다.

이 장에서는 이러한 맥락에서 리빙랩의 변화하는 흐름에 대해 소개하려고 한다. 그리고 그러한 흐름 속에서 지속가능한 마을리빙랩을 향하여 나아가기 위해 우리에게 어떠한 과제가 주어져 있는지 살펴보고자 한다.

1. 마을리빙랩의 과제

국내 리빙랩은 2013년에 첫 실험활동에 돌입한 이래 가히 눈부신 성장을 이어오고 있다. 리빙랩을 실행하는 주체도 지역사회, 대학, 마을, 공동체조직, 경제사회조직 등으로 계속 확장하고 있다. 지속가능한 리빙랩의 실현은 사회전체의 혁신으로 이어질 때 그 의미가 더욱 커질 수 있다. 마을리빙랩은, 리빙랩의 사회혁신을 향한 전환 과정에서 하나의 기점이자 중요한 축이 될 수 있다. 현재의 시점에서 마을리빙랩이 안고 있는 숙제를 살펴봄으로써 지속가능한 사회혁신의 전환을 모색해본다.

1) 실험성과의 평가 이행

리빙랩의 과정은 크게 '탐색(Exploration) → 실험(Experimentation) →평가(Evaluation)'의 3단계로 구분할 수 있는데, 실제 리빙랩의 운영에 있어서는 이 과정을 전부 거칠 수도 있고 이 중 단계의 일부분만 거칠 수도 있다. 예를 들어, 기초·원천기술을 사업화하려는 경우에는 전 과정을 거치게 되며, 이미 활용되고 있는 기술시스템의 문제를 파악하여 개선하고자 할 때에는 탐색(Exploration) 및 평가(Evaluation)'의 과정이 중요해진다(성지은 · 송위진 · 정병걸 외, 2017: 17-18). 이렇게 볼 때, 어떠한 경우이든 평가(Evaluation)가 제외되는 예는 없다. 따라서 마을리빙랩에서도 탐색 및 실험을 모두 거친 후에는 반드시 활동에 대해 평가하는 과정을 거쳐야 한다. 이 장에서는 마을리빙랩 활동에 대해 어떠한 영역과 항목들을, 어떠한 기준에 초점을 두어 평가해야 하는가에 대해 간략히 살펴보고자 한다.

첫째, 마을리빙랩의 목적 달성에 대해 평가해야 한다. 마을리빙랩은 리빙랩 실험을 통해 발굴한 실험의제의 문제해결을 직접적인 목표로 설정한다. 그러나 직접적인 문제해결 과정에서 마을의 사회적 자본(네트워크, 신뢰, 호혜, 배려, 공동체 의식)과 인적 자본(건강, 지식, 기술, 경험, 참여)의 성장과 성취가 어느 정도 달성되었는지 살펴보아야 한다. 특히 마을리빙랩은 공동체성(communality)의 회복이라는 궁극의 지향점을 가지고 있다. 가시적인 당장의 성과를 수치적으로 측정하는 것이 쉽지는 않겠지만 '참여'와 '유대'의 상황이 마을리빙랩 실험 후에 어떠한 정도의 체감적 변화를 얻게 되었는지 반드시 검토해볼 필요가 있다.

둘째, 실험의제의 특이성이 담보되었는지 확인해야 한다. 마을리빙랩의 실험의제는 그 마을에서만 발견될 수 있는 특수한 문제일수록, 그러나 동시에 보편적인 문제여서 실험의 성과가 일반화될 수 있을 때 그 활용 가치를 더 높일 수 있다. 10년 가까운 리빙랩 활동의 문제점 중 하나로 지적되는 것은 실험의제와 과정의 동형화(isomorphism) 현상이다. 서로 다른 실험대상임에도 불구하고 유사한 실험의제의 선택과 과정이 반복되면서 실험대상 마을의 구조와 조직의 형태, 활동상이 모방적 동형화로 수렴되는 것이다. 물론 마을리빙랩 실험의제 도출의 기반이 실생활 환경이라는 점을 떠올리면, 비슷한 삶의 문제들이 실험의제로 도출되는 것은 당연한 결과일 수 있다. 그러나 동일한 영역의 실험의제라고 하더라도 마을이 처한 상황, 마을의 사회적 자본과 인적자본의 상태, 주민들의 문제해결에 대한 욕구의 깊이 등은 매우 다를 수 있다. 이러한 점이 충분히 고려되어야 하며, 특히 실험의제와 솔루션의 방법을 통합적으로 고려할 때 실험의제의 특이성 담보가 더 쉬워질 수 있다.

셋째, 실험의제 자료의 신뢰성을 점검해야 한다. 실험의제 자료를 수집하는 과정에서 마을의 다양한 이해관계자의 의견이 충분히 수집되었는가 점검해야 한다. 마을일꾼 중심, 지역 토호세력과 같은 기득권 중심, 지역 여론의 편승 등에 의존한 편향된 자료의 수집은 실험의제 자체의 신뢰성 확보에 치명적일 수 있다. 자료수집 대상의 균형과 규모있는 표본 구성 등이 자료수집 조사 이전에 면밀히 검토·구성되어야 한다. 아울러, 자료수집과 분석에서도 연구자, 연구참여자, 조사원의 중립성이 유지되어야 함은 물론이다.

넷째, 솔루션 적용의 타당성을 살펴야 한다. 실험의제의 솔루션은 과학기술, 제도, 행정, 기타(주체, 사회문화 및 인식 등) 등 다양한 요소들이 복합된 경우가 대부분이다. 그러나 실제 솔루션을 적용하는 과정에서 정책적, 법적 제도의 개선이나 행정적 지원을 부각시키는 예가 적지 않다. 리빙랩 본래의 취지와 지향점은 과학기술 기반의 문제해결이라는 토대 위에 있다. 마을리빙랩의 이러한 전제를 기억한다면 리빙랩이 마을의 민원창구로 전락하는 일을 예방할 수 있을 것이다.

다섯째, 마을리빙랩 성과의 축적이 이루어졌는지 점검해야 한다. 아카이빙(archiving) 개념에 기반한 성과 축적의 점검이 하나의 중요한 방법이 될 수 있다. 아카이빙은 본래 저장, 기록, 보관의 의미를 가진 개념이었다. 그러나 최근에는 장소성(placeness)의 개념에 기반한 장소의 기록, 기억(memory)의 재구성을 통한 창조적 과정으로 그 의미가 확장되고 있다. 아카이빙의 확장된 개념은 기록물을 단순히 집적하고 저장하는 것에서 나아가 수집한 자료를 재구성함으로써 자료의 활용 가치를 높이는 확대재생산의 과정으로 받아들여지고 있다. 원형(archetype)의 자료를 새롭게 창조, 재탄생시키려는 목적을 추구하는 것이다(박혜경, 2021d)..

이러한 점을 고려할 때 마을리빙랩의 성과 축적을 위한 아카이빙 작업은 그 대상, 방법, 형태 등의 측면에서 '창조성(creativity)'을 최우선으로 해야 한다. 아카이빙의 대상은 매우 다양하다. 쉽게 표현하면 마을 전체, 마을의 모든 것이 대상이 된다고 할 수 있다. 마을에서는 생활양식의 변화, 지역발전, 도시재생 및 개발, 환경정비 등으로 예전에는 흔하게 볼 수 있었으나 이제는 사라져 가는 것들, 그래서 보존하고 싶은 것들이 있다. 이러한 관점에서 발굴되는 것들은 아카이빙의 우선 대상이 된다.[47)]

아카이빙의 기법은 주로 수집자료의 데이터베이스화로 집약되는 것이 일반적이다. 그러나 사진과 영상물에 대한 관심이 갈수록 고조되는 추세를 고려할 때 과학기술의 다양한 기법들을 활용하는 것이 필요하다. 최근에는 4차 산업혁명의 흐름에 부응한 디지털 시각화 작업이 눈에 띄게 증가하고 있기도 하다. 영상물 제작, 데이터 마이닝(Data Mining), 디지털 아카이빙, 홀로그램 등의 활용을 예로 들 수 있다.

아카이빙의 형태는 문서, 그림(스케치) 사진, 영상물, 조형물, 구조물(시설), 장식물(벽화), (온라인-오프라인)박물관, 상징물(symbol)을

---

47) 구체적으로는 역사 · 문화적 가치가 높은 자원(사건, 인물, 조직, 경제, 산업 관련), 기록과 보존가치가 높은 일상의 생활자료(생활문화, 풍습 등), 지역 특성에 따라 상실 가능성이 높은 문화자원(재개발, 재건축 등에 따른 문화자원의 변형, 소실 등), 고유성을 남보하고 있는 자원(과거의 생활상을 간직한 공간, 거리, 시장, 건축물, 축제 등)을 예로 들 수 있다.

활용한 다양한 재구성물로서의 굿즈(goods) 등 헤아릴 수 없이 다양한 설계와 고안으로 확장될 수 있다(박혜경, 2021d).

여섯째, 마을리빙랩 성과의 확산이 도모되었는지 점검할 것을 권장한다. 마을리빙랩은 실험 주체의 마을 단위에서 행해지는 리빙랩이라는 개념에 매몰되어서는 안 된다. '마을'의 개념 자체가 지리적 경계를 넘어서는 공생성의 의미를 갖는 개념이기 때문에, 홍보를 통한 다른 마을의 주체, 조직, 지역으로의 성과 공유는 공생성의 확산을 가져올 수 있다. 마을리빙랩의 마무리 단계에 진행되는 성과 공유회와 더불어 마을 신문, 지역 온라인매체, 주민 홍보용 팸플릿, 공동체조직의 홍보 게시판, 블로그 등 다양한 방법을 활용한 성과의 확산작업에 주의를 기울일 필요가 있다.

일곱째, '참여'의 다양화, 다변화, 질적 성장이 이루어졌는지 반드시 점검해야 한다. 마을리빙랩은 '공동체성'의 회복과 재구성을 중요한 목표 중 하나로 설정하고 있다. 자료의 수집 과정에서 이미 편향성을 갖게 되었다면 참여의 편향성은 당연한 귀결이라고 할 수 있다. 현재 마을리빙랩에 참여하는 성별, 세대, 인종의 구성에는 편향도가 심한 상태이다. 40-50대 이상 연령의 내국인 여성이 주축 세력으로 활동하고 있다. 이들의 헌신과 공로는 존경할만하다. 그러나 사회혁신을 향한 리빙랩 가치의 확장을 위해서는 참여의 변화와 확장이 더 필요하다. 예를 들어, 디지털 아카이빙 작업에 능숙한 젊은 세대의 참여 활성화 등을 생각해볼 수 있다.

2) 메이커스를 활용한 '공동창작' 활성화

리빙랩의 중요한 특징 중 하나로 '공동창조'의 원칙이 있다. 사용자(소비자) 주도의 가치를 기반으로 '사용자-개발자'의 협업에 의한 제품 및 서비스 등의 창작활동을 의미하는 것이다. 이를 위해 메이커스

(Makers)를 활용한 직접적인 실험과 공동창조(co-creative), 공동창작 활동의 활성화가 필요하다.

현재 마을리빙랩 활동의 과정은 실험이슈 발굴, 의제화, 솔루션의 탐색 등에서 종료되는 경우가 다반사이다. 이러한 상황에는 프로세스 경험의 미축적, 미숙련 상태의 참여자 역량, 과학기술과 연계의 어려움, 제도적 지원체계의 미흡, 예산의 부족, 리빙랩 수행 기간의 촉박함 등 매우 다양한 요인들이 개입되어 있다. 그러나 이러한 모든 상황을 고려하는 가운데, 직접적인 실험과 공동창작의 경험을 성취한다면, 연구자는 물론 연구참여자와 주민들은 새로운 활동의 동기와 의미를 획득하는 기회를 얻게 될 것이다.

그러나 공동창조 과정이 제공하는 이점이 사용자 혹은 소비자의 범주에 있는 마을리빙랩 연구자, 연구참여자, 주민, 마을활동가 등에 한정되지는 않는다. 이미 2장에서 살펴본 바와 같이 사용자인 시민과 소비자는 혁신활동에 참여하는 과정에서 개인적 역량을 향상시킬 수 있을 뿐만 아니라 자신의 필요(needs)가 반영된 혁신 결과물을 보다 빨리 그리고 효과적으로 활용하는 것이 가능해진다. 기술개발의 직접적인 주체자이자 공동창조의 또 다른 주체인 과학기술자와 연구기관은 리빙랩 참여자들의 협력을 바탕으로 실험실에서 찾지 못했던 새로운 영역에 대한 아이디어를 얻고 도전적·창의적인 실험의 기회도 확보하게 된다. 무엇보다, 개발된 기술을 상용화하여 다시 최종 사용자인 소비자집단에 제공하는 공급자로서 기업 및 공공기관 등의 주체들은 경제적인 이득과 함께 신제품과 서비스에 대한 경쟁력과 개발력을 더 높게 확보할 수 있다. 이러한 점을 고려할 때, 실질적인 이득이 큰 기업 등 공급자집단 그리고 과학기술 연구자 집단이 사용자(소비자)와 협업하는 공동창조, 공동창작의 기회를 마다할 이유가 없어 보인다. 근본적으로는, 기술혁신이 사용자의 실생활 영역에 뿌리를 두고 있기 때문에 모든 주체의 이익 극대화를 도모할 수 있는 공동창조의 활성화는 더욱 필요하다고 판단된다.

현재 국내외 산업의 한 흐름 중에는 4차 산업혁명의 물결 아래 메이커스를 제조창업의 단계로 확장하려는 시도들이 있다. 세계화와 신자유주의 기반의 경제정책 패러다임은 일자리 감소와 기업의 구조조정, 제조업의 급속한 사양화 등을 초래하였다. 여기에 4차 산업혁명의 물결까지 가세하면서 일자리 부족 현상은 전(全)세계적인 이슈가 되고 있다. 그러나 역설적으로 정보통신기술 기반의 첨단화, 혁신 추구, 고도의 융·복합 등의 특징을 내세우고 있는 4차 산업혁명은 '창조성'과 '창의성'을 즐거움으로 추구하는 메이커들과 매우 닮아있다. 이들의 이러한 공통점은 마을리빙랩이라는, 행위자들의 소박한 실험활동을 통해 필연적인 조우(encounter)의 요소로 작용할 수 있다.

3) 주민참여예산제를 활용한 '실험기회' 확대

이미 언급한 바와 같이, 현재 우리나라에서 과학기술 관련 전문가 그룹과 일반 주민, 사용자 등이 직접 연결되어 협업, 공동창작, 공동창조 활동에 나설 수 있는 가능성은 매우 희박하다. 그러나 마을리빙랩 등을 통해 주민들에게 충분한 '실험기회'가 제공되고, 사용자와 개발자 및 연구자가 만나는 공동창조의 창구가 열린다면 혁신의 수준은 보다 빠르게 높아질 수 있다. 이러한 바램에서, 1960년대 말 북유럽 네덜란드의 위트레히트 대학에서 처음 시작된 과학상점(Science Shop) 운동은 참고할만한 좋은 예이다.

과학상점의 운영방식을 다시 소개하면 다음과 같다. 대학은 학내에 과학상점을 운영한다. 그 상점의 공간, 상점에서 활동하는 연구인력, 연구자의 연구비, 상점의 운영비 등 제반 비용은 정부의 보조금 지원으로 충당한다. 시민들은 자신들이 살고 있는 마을에서 발견하는 문제들과 관련하여 조사(research)가 필요할 시, 이곳에 의뢰한다. 시민들은 조사활동에 협조를 받거나, 연구진과 협업도 한다. 과학상점이 해결할 수 없는 많은 연구 의뢰 및 자문 건들에 대해서는 외부의 적합한 연구자들과 매칭을 시켜준다. 일반 주민들이나 사회단체들은 과학상점을 편리하게 이용한다. 과학상점이 유사한 다른 기술민주주의 운동과 구별되는 지점은 누구나 쉽게 연구조사활동을 의뢰하거나 자문을 구할 수 있도록 문턱을 낮추었다는 점이다(김병윤, 1999: 349-366; 김지연, 2018: 63; Irwin, 1995).

재차 언급하지만, 현재 국내의 마을리빙랩은 솔루션의 탐색 단계에서 모든 활동을 종료하는 아쉬운 단계에 묶여있다. '직접적인 실험'과 '실험의 가시적인 물리적 성과물'은 탄생하지 않는 말 그대로 '종이 실험실(paper laboratory)'과 다르지 않다. 한정된 예산과 촉박한 사업기간 등이 결정적인 장애물이다. 필자는 이러한 문제를 해결하는 하나의 방안으로 '주민참여예산제도'의 활용을 제안하는 바이다.

주민참여예산제도는 1989년 브라질 히우그란지두술(Rio Grande do Sul)주의 주도인 포르투알레그레(Porto Alegre)에서 최초로 실시된 이래, 1996년 국제연합이 '세계 40대 훌륭한 시민 제도'로 선정할 만큼 모범적이라는 평가를 받으면서 전 세계적으로 확산하였다. 우리나라에서는 2000년대 초반부터 시민참여 예산조례제정 운동이 시작되었으며, 2011년 3월 지방재정법에 의무 규정이 명시되고, 2018년 3월에 지방재정법 개정을 통하여 주민참여의 범위와 방법이 대폭 확대되었다. 현재 주민의 참여 범위는 예산 편성, 예산 집행, 예산 결산, 성과 평가 등에 이르고 있으며 주민참여 방법도 기존의 공청회, 간담회, 설문조사에서 주민참여 예산위원회 등의 기구 운영을 이용한 참여로까지 확대된 상태이다(이종수, 2015: 115-130; 두산백과 두피디아, 2023).

이 제도는 지방자치단체의 예산 편성 등의 과정에 주민을 직접 참여시켜 재정 운영의 투명성과 책임성을 높이고자 하는 취지로 국민 중심의 민주주의 실현을 위해 마련된 제도 중 하나이다. 특히, 주민참여예산제도의 구체적인 운영 방법과 주민참여예산기구의 구성과 운영, 주민참여 방법 등은 각 지방자치단체의 조례를 통해 자율적으로 정하도록 하고 있으므로 이 제도를 효과적으로 활용하면 공동창조를 위한 실험기회의 확대를 도모할 수 있을 것으로 기대된다.

2. 마을리빙랩의 새로운 패러다임

1) 로컬랩·소셜랩 패러다임의 등장

최근 들어 리빙랩이 '로컬랩(local lab)'이라는 용어로 불리는 예가 나타나고 있다. 이러한 용어는 행정안전부가 로컬의 의미를 강조하는 차원에서 리빙랩의 실행을 활성화한다는 의미를 담고자 하면서 등장한 것으로 알려졌다. 행안부의 취지가 바람직하지 않은 것은 아니다. 그러나 리빙랩을 로컬랩으로 대체하기는 어려운 것 같다. 로컬(local)은 지리적인 경계를 한정하는 의미를 가지고 있다. 따라서 '리빙랩'을 '로컬랩'으로 대체하게 되면 특정한 지역의 필요에 한정하는 의미로 리빙랩의 의미가 제한된다고 볼 수 있다. 지역에서는 지역적 특수성에 기반한 주민들의 욕구와 그에 따른 특이성을 가진 실험의제가 도출될 것이다. 따라서 로컬랩이 리빙랩의 개념을 포괄할 수는 없다고 판단된다. 로컬랩은 리빙랩의 하위개념이자 리빙랩과 교집합의 영역을 공유하는 또다는 분파적 개념으로 보아야 한다.

로컬랩이 마을리빙랩과 유사한 개념이라고 여겨질 수도 있다. 그러나 그렇다고 하기에는 마을리빙랩의 개념과 로컬랩의 개념에는 차이가 있다. 마을리빙랩은 공동체성을 가지고 있는 혹은 공동체성을 새롭게 회복하고자 하는 '마을'이라는 단위에 주목하는 리빙랩이다. 친밀성의 관계망이 확보될 수 없는 시대상의 변화가 뚜렷하지만, 4차 산업혁명과 같은 새로운 첨단 과학기술 환경은 정보통신망을 타고 다양한 '온라인 공동체'를 출현시키고 있다. 이렇게 출현한 온라인 공동체는 다시 오프라인 공동체로 확장되거나 현실사회에서 새로운 사회적 관계망을 구축하는 결과를 낳기도 한다. 이러한 흐름은 인류가 여전히 '상호작용하는 인간으로서의 공동체성'을 갈망한다는 반증이기도 하다. 마을리빙랩은 바로 이 지점에 주목하고, 그러한 21세기의 새로운 공동체성 구축의 가능성을 향해 항해하는 가능태(可能態)이다.

반면, 로컬랩은 '로컬'이라는 지역에 주목하는 리빙랩이라는 점에서 차이가 있다는 게 필자의 견해이다. 로컬이 추구하는 지역성(locality)은 지역에 한정하므로, 뚜렷한 경계를 두지 않는 마을의 공동체성(communality)과 완벽하게 일치하지 않는다. 마을리빙랩은 경계를 넘어 다른 마을리빙랩과 연대함으로써 점차 큰 단위의 사회혁신으로 나아갈 수 있는 무한한 여지를 가지고 있다.

다음으로, 근래 또 하나 등장한 용어로 '소셜랩(social lab)'이 있다. 말 그대로 공공의 문제해결을 강조하는 '사회적 리빙랩'이라고 받아들일 수 있다. 그런데 이 용어도 리빙랩과 일치하는 용어로 보기에는 불일치함이 있다. 소셜랩은 '사회문제의 해결'이라는 목적에 비중을 두고 있다고 판단된다. 정부 당국이 사회문제해결형 리빙랩의 활성화를 도모한다는 취지에서 이러한 용어를 제안한 것에 대해 이견을 제기하려는 사람은 없을 것이다. 하지만 리빙랩을 이처럼 소셜랩이라는 특정한 목적을 명시하는 형태로 한정하게 되면, 리빙랩이 해결해야 할 의제가 사회문제만으로 축소되는 결과를 낳을 수 있다. 리빙랩은 사회문제해결에도 주안점을 두지만, 리빙랩에 참여하는 개인의 자치 경험, 상호작용을 통한 호혜, 나아가 상호작용 과정에서 발생하는 유대감의 증대를 기대하고, 그러한 요소들을 발생시키는 프로세스(process) 자체를 중시하기도 한다.

소셜랩과 마을리빙랩이 동일한 활동이라고 보는 것도 곤란하다. 마을리빙랩은 리빙랩과 가치, 신념, 방법론 등을 공유한다. 여기에 공동체성의 회복, 새로운 공동체성의 구축이라는 지향점을 더불어 가지고 있기 때문에 사회문제 해결에 주목하는 소셜랩과는 범주의 크기와 영역이 동일하지 않다. 물론 마을리빙랩의 경우도 사회문제해결에 많은 관심을 두고 있으며, 마을리빙랩의 실험의제 대부분은 사회문제와 무관하지 않다. 하지만 마을리빙랩은 사회문제로 부상하지 않은 마을의 문제들, 예를 들면 마을의 정체성 발굴, 마을의 문화 활성화, 마을의 공동체성과 네트워크, 마을의 사회적 자본과 인적 자본에 대한 이해, 마을의 역사에 대한 아카이빙 등에도 높은 관심을 가지고 있다. 이러한 점에서 소셜랩과 마을리빙랩의 거리는 어쩌면 리빙랩과 마을리빙랩의 거리보다도 더 멀리 이격되어 있다.

그렇다면 로컬랩과 소셜랩 개념이 등장하면서 리빙랩과 마을리빙랩의 취지를 훼손하고 부정적인 영향만을 끼치고 있다고 보아야 할까? 그렇지 않다. 리빙랩의 본질은, 실생활 현장(환경)을 대상으로 사용자(소비자) 주도의 R&D 혁신을 추구하는 것이다. 개념의 태생이 현장기반의 중요성을 강조하면서 등장하였기 때문에, 역동적인 현장활동의 결과로 다양한 리빙랩의 유형이 출현할 수 있다. 따라서 리빙랩의 하위 범주를 새로 구성하고 있는 마을리빙랩, 소셜랩, 로컬랩은 상호 중첩적이며 상보적인 관계 하에 놓여있다고 이해하는 것이 바람직하다. 단, 리빙랩이라는 용어의 유행을 좇아 리빙랩의 본질적 특성을 담보하지 않은 활동까지 모두 리빙랩 활동으로 둔갑시켜서는 안 될 것이다.

2) 지속가능한 사회시스템을 향한 '전환랩'

리빙랩의 토대 위에 서 있는 '마을리빙랩'은 리빙랩의 가치와 철학, 방법론을 공유한다. 따라서 최근 리빙랩의 새로운 패러다임 전환에도 맥을 같이 한다고 하겠다. 리빙랩은 사용자 주도와 공동창조의 원칙을 지향하는 '혁신'의 과정이자 플랫폼이다. 그런데 최근 혁신연구에서 전환연구(transition studies), 지속가능한 전환연구(sustainability transition studies) 등으로 불리는 새로운 흐름이 나타나고 있다. 이른바 '시스템전환론'이다(송위진, 2017: 14-15; 송위진, 2018: 253-257).

'시스템전환론'은 명칭 그대로 '기존의 시스템을 새로운 시스템으로 전환해야 한다'는 의미를 담고 있는 관점이다. 그렇다면, 이 관점은 '무엇'의 시스템을 이렇게 바꾸어야 한다는 것일까? 다시 말해, 이 관점이 바꾸려고 하는 '대상'은 무엇일까? 한마디로 말하면 이 이론적 관점이 전환해야 한다고 보는 대상은 '사회(society)'이다. 그런데 이 관점이 태동한 과학기술 이론에서는 사회를 보다 구체적으로 '사회・기술체계'로 정의하고 있다. 과학기술이 고도로 발전한 현대의 사회는, 기술이 사회와 아주 깊이 상호작용하면서 '사회・기술체계'라는 한 덩어리의 구조를 갖게 되었다고 보는 것이다.[48] 즉, 기술은 그것과 보완 관계에 있는 사회의 여러 요소(행위자, 제도, 문화, 경제 등)와 결합함

---

48) 시스템전환론의 이러한 관점은 '과학기술과 사회의 관계'에 대한 전통적인 관점과 다른 것이다. 전통적인 관점은 '과학기술과 사회가 각각 독립적인 영역에서 각자의 논리에 따라 발전한다'라거나, 두 영역이 각각 독립적임에도 불구하고 과학기술이 사회에 막강한 영향력을 행사한다는 과학주의(scientism), 기술결정론(technological determinism)의 입장을 갖고 있었다. 1970년대 들어 과학기술에 대한 이러한 맹신은 과학기술계 내부의 성찰과 외부의 비판이 맞물리면서 패러다임의 전환을 맞이하게 되었는데, 이때 등장한 새로운 관점이 바로 사회구성주의적 접근에 기반한 기술의 사회적 형성론, 기술의 사회적 구성론, 기술시스템론, 행위자연결망이론과 같은 이론의 출현으로 이어졌다. 이 이론들은 기존과 달리, 과학기술이 사회적 요인들에 의해 영향을 받는 관계에 있다고 보거나 적어도 과학기술과 사회가 깊이 상호작용하는 관계를 놓여있다는 관점을 채택하였다. 시스템전환론은 바로 이러한 패러다임적 전환에 뿌리를 두고 있다고 하겠다.

으로써 단일한 체계의 모습으로 존재한다는 것이다.

이 관점에 따르면, 한 사회의 에너지기술은 에너지 사용자의 소비행태, 에너지 수급제도, 에너지 가격 등과 같은 여러 사회적 요소들과 결합하여 존재한다(송위진, 2017: 15). 따라서 만약 한 사회에서 청정에너지기술을 개발하고자 한다면 이용자의 소비행태, 국가의 제도개선 의지, 청정에너지 가격 등을 통합적으로 고려한 상태에서 청정 에너지 기술 개발의 프로세스가 진행되어야 하는 것이다. 그러나 지금까지는 첨단기술력을 동원하여 '혁신'적으로 청정 에너지기술을 개발하기만 하면 사회기술체계의 진보를 무리 없이 이루어낼 수 있다고 낙관했을 수 있다.

이러한 관점은 지금까지 과학기술계의 사회에 대한 인식이, 단지 '사회적 필요' 정도의 요소를 고려하는 다분히 피상적인 인식에 머물러 있음을 드러낸 것이라고 할 수 있다. 지금까지는 '혁신(innovation)'이라는 가치와 방법으로 사회(사회기술체계)를 충분히 발전시킬 수 있을 뿐만 아니라 어떠한 문제도 발생시키지 않을 것이라고 예상했다고 볼 수 있다. 그러나 혁신 위주의 패러다임이 가져온 결과는 많은 성과에도 불구하고, 복잡하게 뒤엉킨 사회문제를 출현시켰다. 나아가, 이제 '혁신' 패러다임만으로 해결할 수 없는 문제들까지 쏟아져 나오고 있는 게 후기산업사회의 현실이다.

그렇다면, 시스템 전환을 어떻게 구현해 나가야 할 것인가? 우리나라와 서구 여러 나라들이 최근 실행해온 솔루션의 갈래는 첫째는 방향성이고, 둘째는 영역이고, 셋째는 실행 방법이고, 넷째는 실행 주체로 분류할 수 있다. 이제 각각의 솔루션 갈래에 따라 어떠한 도모가 이루어지고 있는지 알아보고자 한다.

첫째, 현재의 사회기술체계를 어떠한 '방향'으로 전환해야 할까? 이 관점이 채택하고 있는 지향점은 한마디로 '지속가능성'이다. 지속가능성(sustainable)이란 인간사회의 환경, 경제, 사회적 양상의 연속성에 관련된 체계적 개념으로, 전(全)지구적 상황이 환경적으로, 자원적으로, 인간 삶의 질 수준에서 지속성을 유지하도록 모든 지구적 활동을 콘트롤 해나가야 한다는 것을 의미한다. 궁극적으로 시민들이 사회·경제·환경·문화적으로 지속가능한 삶을 누리는 것이다. 좋은 일자리와 지속가능한 의식주 환경, 풍성한 교육·문화활동, 재난재해가 없는 안전한 인프라스트럭처 환경이 구현되는 새로운 사회·기술시스템을 구축하는 것이다. 이러한 지향성은 '전환'을 단기적인 혁신들을 통합하여 장기적인 차원으로 연장하는 것을 포함한다.

둘째, 현재의 사회기술체계에서 어떠한 '영역'을 전환해야 할까? 시스템전환론의 입장에서는 사회(즉, 사회기술체계) 전체의 틀을 전환해야 한다고 본다. 단순한 사회에 대한 혁신의 추구가 아니라 이제 체제와 시스템 자체를 지속가능성을 유지해나갈 수 있도록 전환해야 한다는 것이다. 특히, 근래 전 세계적으로 전환의 핵심 단위로 주목되고 있는 곳은 바로 로컬이다. 전환하는 로컬들 간의 연대는 네트워크를 따라 거대한 체계로 확장될 수 있다. 전 사회와 로컬 전체의 체계를 전환 영역으로 본다는 것은 사회체계가 안고 있는 다양한 문젯거리의 모든 영역도 포함한다는 것을 의미한다.

셋째, 그렇다면 어떠한 방법으로 사회기술체계를 혁신시스템에서 전환시스템으로 바꿀 수 있을까? EU Interreg(2022)의 다섯 가지 제안에 주목할 필요가 있다. 5가지 대안은 다음과 같다 하나, 전환적 혁신정책을 추진하기 위해서는 먼저 지역의 난제를 파악해야 한다. 둘, 지역 문제해결을 위해 기업가 정신을 활성화하여 새로운 솔루션을 탐색하는 도전적인 프로그램을 실험해야 한다. 셋, 지역의 가치사슬에서 전환적 변화를 지원해야 한다. 넷, 전환적 혁신을 위해 실험을 수행하는 리빙랩을 활성화해야 한다. 다섯, 전환석 혁신을 활성화하기 위해 여러 분야를 가로지르는 횡단적 능력과 지식을 활성화해야 한다. 여러 분야와 관련되어있는 복잡·난해한 지역 난제를 해결하기 위해서는 복합적 지식을 활용한 실험적 접근을 해야 한다고 강조하고 있다(송위진·성지은, 2022: 35.).

넷째, 현 사회기술체계 하에서 어떠한 '주체'의 주도로 전환을 도모해야 할까? 시스템전환론에서는 각 영역의 주체들에게 전환실험에서 담당해야 역할(role)을 주문하고 있다. 현 시스템을 개선하는 수준의 혁신을 추진해온 기업들과 달리 시스템전환을 추진하는 기업을 '전환 지향적 기업'으로 정의하고 이들에게 지속가능한 비즈니스모델을 도입하도록 요구해야 한다. 지역(local)은 시스템 전환의 기본단위가 될 수 있기 때문에 지역은 지역이 안고 있는 다양한 문제들을 발굴하고 전환실험의 기초단위의 역할을 할 필요가 있다. 영국의 에너지협동조합 같은 지역공동체는 사회문제를 중심으로 지역 주민들을 견인하는 역할을 충실히 수행하는 것이 요구된다. 무엇보다 '리빙랩' 단위에서 실행되는 시스템전환 실험은 리빙랩이 전환랩으로 충실한 기능과 역할을 감당할 수 있을 것으로 기대를 모으고 있다(박인용 외, 2017).

이러한 방향으로 실행된 국내외의 많은 사례들 중 리빙랩을 활용한 전환실험 사례는 〈표 7-1〉에서 확인할 수 있다(성지은·박인용, 65-89).

〈표 7-1〉 해외 전환랩의 사례

수준	SusLab NWE 보트롭(Bottrop)	C@R 프로그램 쿠디예로	대만 리빙랩 쑤안렌
배경	'지속가능한 에너지체제' 조성을 위한 다국가 프로젝트	유럽 저개발지역의 생활 개선을 위한 EU프로그램	국가 ICT 산업의 신성장 분야 육성
리빙랩 성격	전환 프로젝트의 실험 주체 및 대상	사용자 참여형 개발의 지역사회 착근 프로세스	ICT 기반 신제품·서비스 실증의 장
전환 성격	지역사회의 에너지시스템 전환	ICT 결합을 통한 농어촌 지역의 생활패턴 변화	ICT 개발의 패러다임 변화
핵심 사용자	지역사회 주민, 프로젝트 관리 컨소시엄	지역의 모든 이해 관계자	리빙랩 기반 지역 주민, 산·학 협력 연구개발진
사용자 지향 접근법	· 시민들의 주택 개보수 참여를 위해 에너지컨설팅 서비스, 시민참여 포럼 등의 참여수단 제공 · 교육 프로그램, 로컬 에너지 공급시스템 등을 통해 사용자의 인식 제고 · 사용자의 행동패턴 분석, 실질적 참여 유도에 초점을 맞춰 자체 연구방법론 개발	· 지역의 경제적,지리적 환경에 부합하는 개발계획과 참여주체 설계 · 사용자의 수요를 포착하기 위해 커뮤니케이션 중심의 다양한 방법론 개발 · 개발프로세스에 중간조직을 두어 사용자 중심의 정보교환 촉진	· 연구진과 사용자(센터 입주민) 간 신뢰 형성에 초점 · 사용자 패턴을 일상생활과 리빙랩 활동의 두 차원에서 각각 파악하여 파일럿 프로젝트와의 연계성 제고
개발 프로세스	· 지역기반 조사→사용자 참여 실험→실험확대 및 상용화 · 전문가, 시민 네트워크 기반의 상향식 기획	· 수요 포착→핵심 사용자 선별→개발시나리오 작성→실증개발→사업화의 단계로 프로토타입 확산 · 각 단계에서 사용자(공동체)의 참여가 포함되도록 프로세스 설계	· 사용자 이해→규약 형성→프로세스 운영의 단계로 진행 · 프로토타입의 성능과 사용자 체감 효용을 모두 측정할 수 있도록 실증활동 진행
주요 성과	주거생활 부문의 에너지 개선에 관한 제품 개발 및 적용, 도시재생 정책 고도화	지역산업 경쟁력 개선, 생활 장애 요소 해결을 위한 유무형 솔루션 보급	고령층 기억력 질환 행동 치료 서비스 개발

* 자료 : 성지은 · 박인용, 2017: 85.

한편, 현재 '시스템전환론' 관점을 기반으로 등장한 이론은 모두 세 가지 정도로 확인되고 있다. 첫째, '사회·기술시스템 전환론(Socio-technical transition Theory)'이다. 이 이론은 혁신시스템을 넘어 '사회·기술시스템의 전환(Socio-technical transition)'이 필요하다고 주장한다(송위진.성지은, 2019: 1006). 둘째, '전환적 혁신정책론'이다. 이 이론은 혁신정책의 '가치적 전환(normative turn)'을 주장하며 탄소중립사회, 돌봄중심사회, 자원순환사회로 전환하는 시스템 혁신(system innovation)형 정책론을 펴고 있다(송위진 · 성지은, 2022: 34). 셋째, 플랫폼 정책론(platform policy)이다. 이 이론은 지역이 해결해야 할 도전과제나 달성하고자 하는 상황을 중심으로 혁신주체 형성, 네트워크 구축, 제도개선을 모색한다. 포스트 클러스터론을 표방하는 플랫폼 정책론은 지역의 새로운 혁신궤적 형성과 전환을 주장하고 있어 시스템 전환론과 호환성이 있다(송위진 · 성지은, 2019: 1010-1011).

기후변화, 환경오염, 에너지 위기, 저출산 · 고령화, 인구소멸, 지역간 불균형, 돌봄, 빈곤, 실업, 저성장 · 양극화, 일탈 · 범죄, 재난 · 재해 · 안전 등과 같이 현재 우리가 당면하고 있는 많은 문제는 단기간에 또 개인 혼자만의 힘으로 해결할 수 없는 지극히 '사회적인(social)' 차원의 문젯거리들이다. 또한, 내 마을에서 겪는 어려움이기도 하지만 전 인류가 겪는 고통이기도 하다. 이러한 점에서 지역적으로 또는 전(全)지구적으로 다수의 연대(solidarity)와 참여(participation)의 동력이 필수적으로 요구되는 숙제라고 하겠다. 지속가능한 삶으로의 전환은, 한 세대 이상 긴 시간에 걸친 사회 · 기술시스템의 전환이 필수적으로 수반되어야 가능할 수 있다. 우리는 4차산업의 물결 속에 시공간을 초월한 삶을 살고 있다. 내가 어디에 있는지 그것은 중요하지 않다. 우리 모두는 언제 어디서나 우리의 대척점에 있는 타자에게까지 상호작용을 할 수 있는, 로컬이기도 하고 글로벌이기도 한 삶의 맥락에서 있다. 새로운 전환실험의 장(場)으로서 '지역사회'의 역할은 중요하다. 그리고 그 중심에 마을리빙랩, 로컬랩, 소셜랩이 있다. 리빙랩은 이제 또 다른 스펙트럼, 지속가능한 사회시스템을 향한 전환랩으로 진화하고 있다.

부록

<부록 1>

〈표 1〉 대전지역 메이커스페이스(전문랩) 현황(2021.12.현)

구분	기관명	메이커 스페이스명	소재지	특징	선정 연도
전문랩	ETRI	DID 기술융합공작소 http://didmakerspace.kr/ 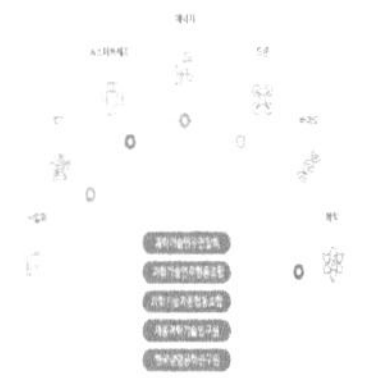 	중구	· 대전지역 유일의 전문랩 · 테크놀로지, 디지털 패브리케이션 · 창업 기업의 시제품 제작, 일반 메이커스페이스 운영자 교육, 기술창업 사업화 지원 · 장비이용, 공간대관, 교육프로그램 운영, 세미나, 워크숍 등 행사 진행, 기술멘토링, 창업멘토링, 시제품 제작지원, 아이디어 등록 · 창업과 사업화 연계형 전문 창작공간임 창업이나 사업화를 원하는 경우, 아이디어→설계→시제품 제작→시제품 검토→멘토링을 One-Stop서비스로 지원함 · 3D 프린팅 Section 1~2, 후가공 및 도색부스, CNC & 레이저 가공, 목공작업 Section, 도예 실습장비를 갖추고 있음 · 모션캡쳐 영상제적 스튜디오, 미디어연구실, 임베디드 HW/SW실 등의 시설이 구축되어 있음	2019

* 자료: 한국과학창의재단 메이크올 홈페이지(2021); 중소벤처기업부(2021. 07. 29).

〈표 2〉 대전지역 메이커스페이스(일반랩) 현황(2021.12.현)

구분	기관명	메이커 스페이스명	소재지	특징	선정 연도
일반랩	언더그로잉	스페이스 그래비티 https://www.gravitycompany.net	유성구	· 디지털 패브리케이션, 크래프트/예술, 3D 프린팅 · 장비이용, 세미나, 워크숍 등 행사 진행, 기술멘토링, 창업멘토링, 시제품 제작지원, 아이디어 등록	2018
	㈜다른코리아	다른코리아 다른브로스X http://www.dareunkorea.com	유성구	· 테크놀로지, 디지털 패브리케이션, 크래프트/예술, 생활/홈데코 · 3D 프린터 활용한 인테리어 소품 제작, 파이버 레이저 활용 나만의 여권 지갑 만들기, 시제품 제작 등 · 장비이용, 교육프로그램 운영, 창업멘토링, 시제품 제작지원, 아이디어 등록	2018
	팹랩대전	팹랩대전 https://sites.google.com/view/fldj728	서구	· 디지털 패브리케이션, 크래프트/예술, 생활/홈데코, 디지털 제조 기술을 활용한 사회문제 해결 · 장비이용, 공간대관, 교육프로그램 운영, 세미나, 워크숍 등 행사 진행, 기술멘토링, 창업멘토링, 시제품 제작지원, 부품, 장비 판매	2018
	㈜공생	어울림랩 https://www.gongsaeng.net/aullimlab	대덕구	· 테크놀로지, 디지털 패브리케이션, 크래프트/예술, 생활/홈데코 · 3D프린터를 이용한 각종 시제품 만들기, 목공, 3D펜 체험, 코딩교육 · 장비이용, 공간대관, 교육프로그램 운영, 세미나, 워크숍 등 행사 진행, 시제품 제작지원	2019
	(유)팹디노	SPACE: 만들 http://www.fabdino.com/	유성구	· CNC, 3D프린팅, 레이저, 목공 등의 디지털 기반 제작 · 장비이용, 공간대관, 교육프로그램 운영, 세미나, 워크숍 등 행사 진행, 기술멘토링, 창업멘토링, 시제품 제작지원, 부품, 장비 판매	2020
	㈜박기태		대덕구		2020

* 자료: 한국과학창의재단 메이크올 홈페이지(2021); 중소벤처기업부(2021. 7. 29).

〈표 3〉 대전지역 주요 민간랩 현황(2021.12.현)

구분	기관명	메이커 스페이스명	소재지	특징	설립 연도
민간랩		㈜재:작소	유성구	· 초 · 중 · 고 교사, 대학생, 마을주민 대상의 메이커 문화교육, 시제품 제작 지원 · 공예품 개발 및 제작, 자원순환 제품 제작 · 판매	2014
	㈜놀만	Cre8on	중구	· 적정기술 전자 H/W개발, 크레이노(creino) 제작 · 전자부품 제조 · 판매, 시제품 제작 · 지원, ICT 기반 적정기술 메이커 교육	2016
		3D Creator	유성구	· 테크놀로지, 크래프트/예술, 생활/홈데코 · 교육, 3D 프린팅 목업, 시제품제작지원판매, 기술 · 창업멘토링, 부품 · 장비 이용 · 판매	
		K-ICT 3D프린팅 대전센터 http://teamscience.kr/	유성구	· 테크놀로지, 크래프트/예술, 생활/홈데코 · 3D 프린팅 목업,교육프로그램 운영, 기술멘토링, 창업멘토링, 시제품제작 · 지원 · 판매	
		포디믹스 http://www.4dmixx.com	유성구/중구	· 테크놀로지, 크래프트/예술, 생활/홈데코 · 교육프로그램 운영, 장비이용, 공간대관, 기술멘토링, 시제품 제작지원	2015
	M042	M042LAB https://m042.kr	서구	· 테크놀로지, 디지털 패브리케이션, 크래프트/예술, 생활/홈데코 · 장비이용, 공간대관, 교육프로그램 운영, 세미나 · 워크숍 등 행사 진행, 시제품제작	
		무규칙 이종결합 http://www.facebook.com/groups/makerspaceydbk/	유성구	· 기술 멘토링, 공간대관, 시제품 제작 지원, 아이디어 등록, 장비 이용	
		이랩카페 https://elabcafe.modoo.at/	유성구	· 시제품 제작 지원, 교육프로그램 운영	
	㈜팀사이언스	팀사이언스 올메이커 http://teamscience.kr/	유성구	· 장비이용, 부품, 장비 판매	

* 자료: 한국과학창의재단 메이크올 홈페이지(2021); 중소벤처기업부(2021. 7. 29).

〈표 4〉 대전지역 공공형 및 개방형 공공랩 현황(2021.12.현)

구분	기관명	메이커 스페이스명	소재지	분야/제공 서비스	비고/설립연도
공공랩	대전교육정보원	대전창조경제혁신센터(시제품제작소) https://ccei.creativekorea.or.kr/daejeon/	유성구/중구	· 기술멘토링, 공간대관, 시제품 제작·지원, 교육프로그램 운영, 장비이용, 창업멘토링 · 대전창업허브, 대전소셜벤처캠퍼스 운영 · 지역 대학, 상공인조직, 금융기관, 연구소 등과 협력체계를 구축하고 유니콘 육성 및 임팩트 창업을 지원	공공/2014
		대전메이커교육지원센터 https://dei.djsch.kr	유성구	· 테크놀로지, 디지털 패브리케이션 · 메이커교육(3D 모델링, 로봇, 인공지능, 목공, 미디어아트, 디자인씽킹) · 장비이용, 교육프로그램 운영, 세미나, 워크숍 등 행사 진행	공공
		ETRI 창업공작소 http://ctcc.etri.re.kr/default.asp	유성구	· 기술멘토링, 시제품 제작지원, 교육프로그램 운영, 장비이용	공공/2014
		KAIST 아이디어팩토리 http://risti.kaist.ac.kr:88/?page_id=16	유성구	· 탈것/모빌리티 · 장비이용, 공간대관, 교육프로그램 운영, 기술멘토링, 시제품 제작지원, 아이디어 등록	개방형/2014

* 자료: 한국과학창의재단 메이크올 홈페이지(2021); 중소벤처기업부(2021. 7. 29)

〈표 5〉 세종 및 충남 · 충북 주요 메이커스페이스 현황(2021.12.현)

구분	기관명	메이커 스페이스명	소재지	특징	비고 /선정 연도
민간랩	㈜포세듀	메이크업(業) 스테이션	세종시 (조치원읍)	· 장비이용, 공간대관, 교육프로그램 운영, 세미나, 워크숍 등 행사 진행, 창업멘토링, 시제품 제작지원	2019
	(유)플레이 코딩	플레이코딩 메이커스페이스 https://www.playcoding.org/	세종시 (보람동)	· 테크놀로지, 디지털 패브리케이션, 크래프트/예술, 생활/홈데코 · 장비이용, 공간대관, 교육프로그램 운영, 세미나, 워크숍 등 행사 진행, 기술멘토링, 창업멘토링, 시제품 제작지원, 부품, 장비 판매	2018
		세종 창조경제 혁신센터 http://ccei.creativekorea.or.kr/sejong	세종시 (조치원읍)	· 기술멘토링, 공간대관, 교육프로그램 운영, 창업멘토링	공공
전문랩	홍익대	홍익대학교 세종캠퍼스	세종시	· 대학의 디자인 및 연구개발 역량과 연계하여 제품생산 전 과정을 원스톱으로 지원하는 '제조일괄지원 시스템' 구축	2021
전문랩	충북대	충북대학교	청주시	· CT융합, 바이오(의료기기 및 의료보조용품) 제품 초도생산 단계 창업기업을 위한 티타늄 등 첨단금속가공 지원	2021
전문랩	호서대	호서대학교	아산시	· 시설 · 장비 이용의 접근성을 높이고, 제조 창업기업 육성을 위한 보육, 투자, 마케팅 등 후속 프로그램이 강점	2021

〈표 5〉(계속) 세종 및 충남 · 충북 주요 메이커스페이스 현황(2021.12.현)

구분	기관명	메이커 스페이스명	소재지	특징	비고 /선정 연도
특화랩	백석 문화대	백석문화대	천안시	· 메타버스, 영상콘텐츠 분야 맞춤형 교육 및 창업멘토 지원을 통해 뉴미디어 교육, 협력 네트워크 구축	2021
	공주대	공주대학교	천안시	· 기계장비 체험, 교육 등의 메이커 활동을 통해	2021

				생활혁신형 시제품 사업화 지원	
	나사렛대	NADO 메이커스페이스 http://www.nadomaker.space/	천안시	· 테크놀로지, 생활/홈데코, 재활/보조기기 · 노인/장애인 특화 보조기기에 대한 모든 것 · 장비이용, 공간대관, 교육프로그램 운영, 세미나, 워크숍 등 행사 진행, 기술멘토링, 창업멘토링, 시제품 제작지원	2019
지원기관	충남창조경제혁신센터	충남창조경제혁신센터 http://ccei.creativekorea.or.kr/chungnam	아산시	· 기술멘토링, 공간대관, 시제품 제작지원, 교육프로그램 운영, 장비이용, 창업멘토링	공공
	충북창조경제혁신센터	충북창조경제혁신센터 https://ccei.creativekorea.or.kr/chungbuk/main.do	청주시	· 기술멘토링, 시제품 제작지원, 교육프로그램 운영	공공
민간랩	㈜우리문고	SMART 창작공간We http://blog.naver.com/dcmsw	청주시	· 디지털 패브리케이션, 크래프트/예술, 생활/홈데코 · 책 문화를 활용한 인문학으로부터 출발하는 메이커교육 · 장비이용, 공간대관, 교육프로그램 운영, 세미나, 워크숍 등 행사 진행, 부품, 장비 판매, 책을 이용한 메이커 활동	2019

* 자료: 한국과학창의재단 메이크올 홈페이지(2021); 중소벤처기업부(2021. 7. 29).

<부록 2>

〈표 6〉 정부출연연구소 현황

(2023년 8월 현재)

과학기술연구회 소속 정부출연(연)	정부 부처 소속 정부출연(연)
· 한국과학기술연구원	· 한국과학기술원
· 한국과학기술연구원 부설 녹색기술센터	· 광주과학기술원
· 한국기초과학지원연구원	· 대구경북과학기술원
· 한국핵융합에너지연구원	· 울산과학기술원
· 한국천문연구원	· 기초과학연구원
· 한국생명공학연구원	· 기초과학연구원 부설 국가수리과학연구소
· 한국과학기술정보연구원	· 한국국방연구원
· 한국한의학연구원	· 국방과학연구소
· 한국생산기술연구원	· 한국원자력안전기술원
· 한국전자통신연구원	· 한국원자력의학원
· 한국전자통신연구원 부설 국가보안기술연구소	· 한국학중앙연구원
· 한국건설기술연구원	· 한국해양과학기술원
· 한국철도기술연구원	· 한국해양과학기술원 부설 극지연구소
· 한국표준과학연구원	· 한국해양과학기술원 부설 선박해양플랜트연구소
· 한국식품연구원	· 고등과학원
· 한국식품연구원 부설 세계김치연구소	· 국방기술품질원
· 한국지질자원연구원	· 국립해양생물자원관
· 한국기계연구원	· 한국과학재단
· 한국재료연구원	· 국립암센터
· 한국항공우주연구원	· 국립생태원
· 한국에너지기술연구원	· 국립낙동강생물자원관
· 한국전기연구원	· 국립호남권생물자원관
· 한국화학연구원	
· 한국화학연구원 부설 안전성평가연구소	
· 한국원자력연구원	

*자료: 국가과학기술위원회 등 자료 종합

<참고문헌 및 자료>

고영복. 2000. 『사회학 사전』. 사회문화연구소.

곽현근. 2012. “지역사회 거버넌스와 민주성 쟁점들: 근린 단위 지역사회를 중심으로.” 서울행정학회 동계학술대회.

곽현근. 2015. “주민자치회에 대한 또 다른 시각과 본질적 요소들.” 「월간 주민자치」 제46호. pp. 27-30.

곽현근·노병일·강용배. 2003. “동구지역의 혁신과 동네 만들기 운동사업.” 「지방분권시대 자치역량 강화를 위한 동구혁신사업의 방향과 과제」. 제19차 동구포럼 발표논문집. pp. 29-46. 대전대학교 지역협력연구원.

구장완. 2018. “대전광역시 서구 주민주도형 마을계획 수립 활동 사례.” 2018 한국지역사회복지학회 추계학술대회. pp. 117-134. 한국지역사회복지학회.

권효림. 2015. “결사체주의 관점에서 본 ‘마을공동체 만들기’의 민주주의적 의의: 마포파티 사례를 중심으로.” 「한국사회학」 49(1). pp. 151-180. 한국사회학회.

기획재정부. 2017. “R&D.” 「시사경제용어사전」. 기획재정부.(Naver.com 2023. 8. 22. 접속)

김경일 편저. 1998. 『지역연구의 역사와 이론』. 문화과학사.

김기홍. 2014. 『마을의 재발견』. 올림.

김미영. 2015. “현대사회에 존재하는 공동체의 여러 형식.” 「사회와 이론」 27. pp. 181-218. 한국이론사회학회.

김병윤. 1999. “시민의 손에 과학기술을!-과학상점의 의의와 사례.” · 참여연대 과학기술민주화를 위한 모임. 1999. 『진보의 패러독스』. 당대. pp. 349-366.

김선웅. 2006.『개념중심의 사회학』. 한울아카데미.

김성균 · 이창언. 2015.『함께 만드는 마을, 함께 누리는 삶』. 지식의 날개.

김윤정 외. 2016.「메이커운동 활성화 방안 정책 연구」. 한국과학창의재단 · 미래창조과학부.

김연희. 2018. "범죄예방도시설계(CPTED)를 적용한 공공디자인 사례 연구."「디지털예술공학 멀티미디어 논문지」5(1). pp. 1-14. NCISS(차세대컨버전스정보서비스학회).

김이준수 외. 2013.『서울 마을공동체 사업 활용설명서: 서울과 함께 마을하기』. 서울특별시.

김준한 · 한재각. 2018. "에너지전환 실험의 장으로서 한국리빙랩의 경험: 성대골의 도시지역 미니태양광 사례를 중심으로."「과학기술학연구」18(1). pp. 219-265. 한국과학기술학회.

김지연. 2018. "한국의 시민과학이 전하는 메시지: 1982-2018."「과학기술학연구」18(2). pp. 43-93. 한국과학기술학회.

김진범 외. 2008.「"살고 싶은 도시 만들기" 활성화를 위한 마을계획 제도 도입 방안」. 국토연구원.

김찬동. 2012.「마을공동체 복원을 통한 주민자치 실현 방안」. 서울연구원.

김환석. 1999. "과학기술의 민주화란 무엇인가." · 참여연대 과학기술 민주화를 위한 모임. 1999.『진보의 패러독스』. 당대. pp. 13-41.

김환석. 2009. "두 문화, 과학기술학, 그리고 관계적 존재론."「문화과학」57. pp. 40-60. 문화과학사.

김환석. 2011. "행위자-연결망 이론에서 보는 과학기술과 민주주의."「동향과 전망」83. pp. 11-46.

김희연. 2015. "EU의 오픈 이노베이션 2.0 전략: 추진현황과 시사점." 「초점」 제27권 11호. 정보통신정책연구원.
나카지마 히데토 · 김성근. 2013. 『사회 속의 과학』. 오래.
네이버 지식백과. "사회구성론." (Naver.com 2023. 8. 15. 접속)
다나카 마사토 · 가츠키 타카시 · 황명희. 2020. 『인물과 용어로 살펴보는 사회학-사회학 용어 도감』. 도서출판 성인당.
다무라 아키라 · 장준호 · 김선직. 2007. 『마을 만들기 실천』. 형성출판사.
대전광역시 사회적자본지원센터. 2019. 「삼성동 · 석봉동 주차 및 교통개선 리빙랩 사업 정책보고서」. 대전광역시 사회적자본지원센터.
두산백과 두피디아. 2023. "주민참여예산제도." 두산백과(Naver. com 2023. 8. 22. 접속).
로버트 D. 퍼트넘 · 정승현. 2009. 『나홀로 볼링』. 페이퍼로드.
마을연대. 2003. 「주민참여 마을만들기의 마을디자인운동 평가집」. 마을연대.
일상성 · 일상생활연구회. 2021. 『일상생활의 사회학』. 한울아카데미.
박규택. 2009. "로컬리티 연구의 동향과 주요 쟁점." 「로컬리티 인문학」(1). pp. 107-143.부산대학교 한국민족문화연구소.
박인용 외. 2017. 『사회 · 기술시스템전환』. 한울아카데미.
박재환. 2009. 『일상생활의 사회학적 이해』. 한울아카데미.
박재환 · 전혜진. 2015. 『사회적 기업가를 위한 디자인 접근법』. 에딧더월드.
박혜경. 2018. "리빙랩(Living Lab)의 자치역능화 가능성 탐색." 한국사회학회 심포지움 논문집. 2018년도 학술대회. pp. 39-48. 한국사회학회.
박혜경. 2019a. "리빙랩의 '지속성' 제고를 위한 마을 조사연구방법."

한국과학기술학회 2019년도 후기학술대회. 한국과학기술학회.
박혜경. 2019b. “성공하는 리빙랩의 몇 가지 요건-행위자, 역할, 연결망.” 한국사회학회 2019년도 후기학술대회. pp. 277-297. 한국사회학회.
박혜경. 2021a. “리빙랩(Living Lab)의 ‘새로운’ 공동체성 탐색: 이론적 논의.” 한국과학기술학회 2021년도 전기학술대회. pp. 7-12. 한국과학기술학회.
박혜경. 2021b. 「교통약자를 위한 대중교통 개선방안 탐색 조사활동 보고서-관저동 천년나무 아파트 마을 리빙랩 활동을 중심으로-」. 대전광역시 사회적자본지원센터.
박혜경. 2021c. 「주택가 쓰레기의 효과적 배출-수거 방안 탐색 조사활동보고서-자양동 마을 리빙랩 활동을 중심으로-」. 대전광역시 사회적자본지원센터.
박혜경. 2021d. “마을 알아보기-과학적 접근.” 대전광역시 사회적자본지원센터 마을디자이너 양성과정 교육자료. (미발표 자료).
박혜경 · 김민수 · 위선희. 2021. 「메이커 기반 창업 및 창직 사례분석을 통한 평생학습 지원 확대방안 연구」. 대전평생교육진흥원.
배영동. 2011. “주민주도형 마을문화자료관 만들기의 가능성과 의의.” 「실천민속학연구」 17호. pp. 123-155.
서진욱. 2022. “〔단독〕 ‘부실’ 기업부설연구소 2만 곳…깎아준 세금 ‘2,839억’.” 머니투데이(2022. 9. 22)
선한주. 2020. 「마을계획 수립과정을 통한 주민자치역량 향상에 관한 연구-안산시 마을계획 사례를 중심으로」. 성공회대학교 대학원(마을공동체 전공) 석사학위논문.

성균관대학교 산학협력단 · (주)이락. 2012. 『살고 싶은 마을만들기-시범사업의 성과와 과제』. 국토연구원.

성지은 · 박인용. 2017. "시스템전환 실험의 장으로서 리빙랩." · 박인용 외. 2017. 『사회 · 기술시스템전환』. 한울아카데미. pp. 65-89.

성지은 · 송위진 · 박인용. 2013. "리빙랩의 운영체계와 사례." 「STEPI INSIGHT」 제127호. 과학기술정책연구원(STEPI).

성지은 · 송위진 · 정병걸 외. 2017. 『국내 리빙랩 현황 분석과 발전방안 연구』. 과학기술정책연구원(STEPI).

성지은 · 송위진 · 진우석 · 정병걸 · 김은영 · 김인호. 2022. 「지역의 위기와 도전과제에 대응하는 '전환적 지역혁신 정책' 연구」. 과학기술정책연구원(STEPI).

성지은 · 한규영 · 박인용. 2016. "국내 리빙랩의 현황과 과제." 「STEPI INSIGHT」 제184호. 과학기술정책연구원(STEPI).

성지은 · 한규영 · 정서화. 2016. "지역문제 해결을 위한 국내 리빙랩 사례 분석." 「과학기술학연구」 16(2). pp. 65-98. 한국과학기술학회.

송성수. 1995. 『우리에게 기술이란 무엇인가』. 녹두.

송위진. 2012. "Living Lab: 사용자 주도의 개방형 혁신모델." 「Issue & Policy」 59. pp. 1-14. 과학기술정책연구원(STEPI).

송위진. 2017. "사회 · 기술시스템전환론의 기본 관점과 주요 이슈." · 박인용 외. 2017. 『사회 · 기술시스템전환』. 한울아카데미. pp. 14-42.

송위진. 2018. "사회문제해결형 과학기술혁신을 보는 세 가지 관점." 「과학기술학연구」 18(2). pp. 233-267. 한국과학기술학회.

송위진 · 성지은. 2013. 『사회문제 해결을 위한 과학기술혁신정책』. 도서출판 한울.
송위진 · 성지은. 2019. “시스템전환론에 입각한 지역혁신론 탐색: 개념화와 적용.” 「기술혁신학회지」 22(6). pp. 1004-1029. 기술혁신학회
송위진 · 성지은. 2022. “전환적 지역혁신정책: 리뷰.” 「기술혁신연구」 30(4). pp. 29-56. SIME.
시민참여연구센터 · 대전마을활동가포럼. 2018. 「리빙랩공동체 육성 및 지역사회 문제해결 이슈 · 솔루션 발굴」. 대전광역시 (재)대전테크노파크.
안토니오 네그리 · 마이클 하트 · 윤수종. 2001. 『제국』. 이학사.
앙리 르페브르 · 박정자. 2005. 『현대세계의 일상성』. 기파랑.
앤드루 웹스터 · 김환석 · 송성수. 1995. 『과학기술과 사회』. 한울아카데미.
앤서니 기든스 · 필립 W. 서튼 · 김봉석. 2015. 『사회학의 핵시 개념들』. 동녘. · Giddens, A. · Sutton, P.. *Essential Concepts in Sociology*. 2014. Polity Press Ltd.
여관현. 2013. “마을만들기를 통한 공동체 성장과정 연구.” 「도시행정학보」 26(1). pp. 53-87.
오세정. 2020. “충북의 로컬리티와 전설연구-전설이 표상한 사회구조 측면의 지역정체성-.” 「고전과 해석」 30. pp. 179-209.
우기동. 2014. “논문: 마을과 시민.” 「시대와 철학」 25(4). pp. 311-338.
유재석. 2018. 「2018 제17회 충남 마을만들기 대화마당(당진)-마을 자치규약Ⅰ-“마을규약 실태와 우수사례 공유.”-」. 충남연구원 농어촌마을연구회.
유창복. 2014. 『도시에서 행복한 마을은 가능한가』. 휴머니스트.

윤일영. 2017. “사용자 주도의 혁신 플랫폼, 리빙랩(Living Lab).”. 「융합 Weekly TIP」 2017 MAY vol. 72. pp.1-9. 융합연구정책센터.

윤정로. 2015. 『사회 속의 과학기술』. 세창출판사.

윤준희. 2021. “주민자치회 사용설명서-마을계획수립방법.” *LOCAL GOVERNMENT REVIEW* June 2021. pp. 40-41. KGDI.

윤찬영. 2018. “리빙랩(Living Lab)이란 무엇인가?” 「새사연 현장 브리핑」. 새로운 사회를 여는 연구원. pp. 1-22.

위비 바이커 · 송성수. 1999. 『과학기술은 사회적으로 어떻게 구성되는가』. 새물결.

이건웅 · 양덕모. 2019. “메이커스 운동과 창업정책의 관계.” 「콘텐츠문화연구」1. pp. 35-64. 콘텐츠문화학회.

이기태 · 하현상. 2016. “마을공동체 활성화를 위한 중간지원조직의 역할-거래비용이론 관점에서-.” 「한국정책학회보」 25(1). pp. 455-490. 한국정책학회.

이민호. 2022. “〔정책 좌담회〕 각 공간 · 영역을 뛰어넘는 ‘트랜스로컬리티’, 어떻게 이뤄내야 할까?” 〈산학뉴스〉 (2002.9. 28). 산학연플랫폼.

이영희. 2000. 『과학기술의 사회학』. 한울아카데미.

이재열. 2006. “지역사회공동체와 사회적 자본.” 「지역사회공동체에 대한 성찰과 재활성화를 위하여」. 한국사회학회 기획학술심포지엄.

이종수. 2015. 『공동체: 유토피아에서 마을만들기까지』. 박영사.

이태동 외. 2017. 『마을학개론-대학과 지역을 잇는 시민정치교육』. 푸른길.

이호. 2018. 「주민자치 현황조사와 민주시민교육 활성화 방안 연구」.

민주화운동기념사업회.
이홍규 외. 2016. 「디지털 사회혁신과 리빙랩: 시민 가이드」. 한국과학기술원(KAIST) 사회기술혁신연구소.
임석진 · 윤용택 · 황태연 · 이성백. 2009. 『철학사전』. 중원문화.
임형백. 2004. "지역사회학." · 정지웅 외. 2004. 『지역사회 종합연구』. 교육과학사.
임호. 2016. "사회혁신 도구, 리빙랩 이용 활성화 방안." 「BDI정책포커스」 315. pp. 1-12. 부산발전연구원.
장택원. 2012. 『세상에서 가장 쉬운 사회조사방법론』. 커뮤니케이션북스.
정병걸. 2017. "사회혁신의 장으로서 리빙랩과 패러독스." 「과학기술학연구」 17(1). pp. 41-69. 한국과학기술학회.
정지웅 외. 2004. 『지역사회 종합연구』. 교육과학사.
정지웅 · 이성우 · 정득진 · 고순철. 2000. 『지역사회학』. 서울대학교출판부.
중소벤처기업부. 2021. "제조창업의 요람, 제조창업 지원공간 전문연구실 확충." 중소벤처기업부 보도자료(2021. 10.12).
지남석 · 임병호. 2016. 「대전시 도시재생을 위한 마을공동체 활성화 방안 연구」. 대전발전연구원.
차철욱 외. 2017. 『마을연구와 로컬리티』. 소명출판.
창업진흥원 · 메이크올 홈페이지(2021. 12. 5. 접속)
최근열. 2014. "읍면동 주민자치회 시범 실시 실태 및 발전 과제." 「한국지방자치연구」 16(3). pp. 215-240.
최은지 · 이태동 2017. "정치이론으로 보는 마을공동체: 하버마스, 퍼트넘, 오스트롬을 통해." · 이태동 외. 2017. 『마을학개론-대학과 지역을 잇는 시민정치교육』. 푸른길. pp. 41-64.

최재헌. 2005. “세계화 시대의 지역과 지역정체성에 대한 개념적 이해.” 「한국도시지리학회지」(제8권 2호). pp. 1-17. 한국도시지리학회.

한국과학창의재단. 2014. 「국내외 메이커운동 사례조사 및 국내 메이커문화 활성화 방안 정책연구」. 한국과학창의재단.

한국문학평론가협회. “일상성.” 「문학비평용어사전」. 한국문학평론가협회. (Naver.com 2023. 8. 15. 접속).

한국셉테드학회 홈페이지((Naver.com 2023. 8. 20일 접속)

행정안전부. 2019. 「사례에서 배우는 지역문제해결 리빙랩 가이드북」. 행정안전부.

행정자치부. 2015. 「지방자치 20년, 국민행복 100년, 주민이 행복한 생활자치」. 행정자치부.

홍두승. 1987. 『사회조사분석』. 다산출판사.

홍성욱. 1999. 『생산력과 문화로서의 과학기술』. 문학과 지성사.

Babbie, E. · 고성호 외. 2002. 『사회조사방법론』(제9판). 도서출판 그린.

Bell, C. & Newby, H. · 김경일. 1985. “공동체의 이론들.” · 신용하 편. 1985. 『공동체 이론』. 문학과 지성사. pp. 52-101.

Bernard, J.. 1973. *THE SOCIOLOGY OF COMMUNITY.* Scott, Foresman and Company.

Bernard, J. · 안태환. 1982. 『지역사회학』. 박영사.

Creswell, J. · 조홍식 · 정선욱 · 김진숙 · 권지성. 2015. 『질적연구방법론-다섯 가지 접근』. 학지사.

Curley, M. & Salmelin, B. 2013. *Open Innovation 2.0: A New Paradigm.* European Commission.

Delanty, G.. 2003. *COMMUNITY*(2nd Edition). Routledge, Taylor &

Francis Group.

ENoLL. 2015. *Living Lab Services for Business Support & Internationalisation*. ENoLL.

Frelich, M. 1963. Toward on Opertional Definition of Community. *Rural Sociology*, 28(June, 1963). pp. 118.

Hillery, G.. 1955. Definition of Community: Areas of agreement. *Rural Sociology* 20. pp. 111-122.

Hillery, G.. 1963. Villages, Cities, and Total Institution. *American Sociological Review*, 28(October, 1963). pp. 779.

Irwin, A.. 1995. Citizen Science: A study of People, *Expertise and Sustainable Development*. Routledge. · 어윈, A. · 김명진 · 김병수 · 김병윤. 2011. 『시민과학: 과학은 시민에게 복무하고 있는가?』. 당대.

KISTEP(한국과학기술기획평가원). 2015. 「사회문제해결형 R&D 활성화를 위한 인프라 및 기반 연구」. 미래창조과학부.

König, R. · Fitzgerald, E.. 1968. *THE COMMUNITY*. ROUTLEDGE & KEGAN PAUL LID

Leminen, S. 2013. Coordination and Participation in Living Lab Networks. *Technology Innovation Management Review*, 3(11). pp. 5-14.

Leminen, S. 2015a. Q&A. What Are Living Lab?. *Technology Innovation Management Review*, 5(9). pp. 29-35.

Leminen, S. 2015b. *Living Labs as Open Innovation Networks: Networks, Roles, and Innovation Outcomes*. Dotoral Dissertations. Alto University.

Leminen, S. & Westerlund M.. 2012. Towards Innovation in Living

Labs Network. *International Journal of Product Development*, 17 (1/2). pp. 43-59.

Leminen, S., Westerlund, M. & Nyström, G. 2012. Living Labs as Open Innovation Networks. *Technology Innovation Management Review*, 2(9). pp. 6-11.

Light, Jr. D. · Keller, S. · 노치준 · 길태근. 1987. 『사회학입문』. 도서출판 한울.

MacIver, R. · 김경일. 1985. "공동체의 요소." · 신용하 편. 1985. 『공동체 이론』. 문학과 지성사. pp. 155-166.

Nisbet, R.. 1962. *COMMUNITY AND POWER*. Oxford University Press.

Nisbet, R.. 1993. *THE SOCIOLOGICAL TRADITION*(with a new introduction by the author). Transantion Publishers.

Nisbet, R. · 지승종. 1985. "공동체 이론의 역사." · 신용하 편. 1985. 『공동체이론』. 문학과 지성사. pp. 102-154.

Poplin, D. · 김경일. 1985. "공동체의 개념." · 신용하 편. 1985. 『공동체 이론』. 문학과 지성사. pp. 18-51.

Poplin, D. · 홍동식 · 박대식. 1985. 『지역사회학: 이론과 연구방법』. 경문사.

Putnam, R. · 안청시 외. 2000. 『사회적 자본과 민주주의: 이탈리아의 지방자치와 시민적 전통』. 박영사.

Schwab, K. 2016. *The Forth Industrial Revolution*. Potfolio Penguin.

Ritzer, G.. 2005. *Encyclopedia of SOCIAL THEORY*. Vol.1.. SAGE Publications.

Ritzer, G. · 한국이론사회학회. 2006. 『현대 사회학 이론과 그 고전적 뿌리』. 박영사.

Robles, A. · Hirvkoski, T. · Schuurman, D. · Stokes, L.. 2015. 『*Introducing ENoll and its Living Lab Community*』. ENoll.

Schuurmann, D. 2015. *Bridging the Gap between Open and User Innovation?: Exploring the Value of Living Labs as a Means to Structure User Contribution and Manage Distributed Innovation* , Dissertation for Doctoral Degree, Ghent University.

Westerlund, M., & Leminen, S. 2011. Managing the Challenges of Becoming an Open Innovation Company: Experiences from Living Labs. *Technology Innovation Management Review*, 1(1). PP. 19-25.

Yin, R. · 박지연 · 이숙향 · 김남희. 2013. 『질적 연구-시작부터 완성까지』. 학지사.

<찾아보기>

ㄴ

ㄷ

ㅅ

ㅇ

ㅈ

ㅊ

ㅋ

ㅌ

ㅍ

ㅎ